Jörg Zink

Die sieben Zeichen

HERDER / SPEKTRUM
Band 4407

Das Buch

Jörg Zink erschließt Geschichten mit tiefem Hintergrund und vielschichtiger Bedeutung aus dem Johannesevangelium existentiell für unsere Situation. Einleuchtend direkt, kundig und sensibel legt er die alten Texte des Johannes neu aus: für Leserinnen und Leser des 20. Jahrhunderts.

Licht, Brot, Wein, Weg, Tür – in diesen klaren, kraftvollen Bildern und in elementaren Zeichenhandlungen verweist Jesus im Johannesevangelium auf die Geheimnisse des Lebens. Diese Zeichen sind bedeutungsvolle Hinweise für die Orientierung auf dem eigenen Weg – Hinweise auf den Sinn, den unser Leben hat, auf die Möglichkeiten, die in ihm liegen: im Überschwang des Feierns wie bei der Hochzeit zu Kana, im Gewahrwerden auch heilsamer Grenzen, im Vertrauen auf die Kräfte des Lebens.

Der Autor

Jörg Zink, geb. 1922, Dr. theol., Publizist und Theologe. 1961 bis 1980 Fernsehbeauftragter der Württembergischen Kirche beim Süddeutschen Rundfunk; Reisen ins Orient, Produktion von Filmen, Veröffentlichung von Büchern und Bibelübersetzungen. Seit 1980 freischaffender Publizist und einer der Sprecher der Ökologie- und Friedensbewegung. Bei Herder/Spektrum: „Zwölf Nächte. Was Weihnachten bedeutet“ (Band 4310); „Vor uns der Tag. Was die Passions- und Ostergeschichte bedeuten“ (Band 4334).

Jörg Zink

Die sieben Zeichen

Die Wunder im Johannesevangelium als Zeichen zum Heilwerden

Herder

Freiburg · Basel · Wien

Gedruckt auf umweltfreundlichem,
chlorfrei gebleichtem Papier

Lizenzausgabe mit freundlicher Genehmigung des
Verlags am Eschbach
Herstellung: Freiburger Graphische Betriebe 1996
Umschlaggestaltung: Joseph Pölzelbauer
Umschlagmotiv: Maurice Denis,
Die heiligen Frauen am Grab, 1894
ISBN 3-451-04407-2

Inhalt

Der Geist Gottes ruht auf mir.
Einen Auftrag hat mir Gott gegeben,
eine Botschaft: Freude den Leidenden.

Er hat mich gesandt,
wunde Herzen zu verbinden,
Gefangenen die Freiheit anzusagen,
Gefesselten die Erlösung,
und zu rufen:
Jetzt ist die Stunde, in der Gott hilft.

Die Trauernden soll ich trösten,
die in Trauerkleidern gehen,
in Festgewänder hüllen.

Den Schwermütigen,
die stumm sind in ihrem Leid,
soll ich ein Lied singen:
Lobgesang und Dank

Nach Lukas 4

Einleitung
Was Johannes mir erzählt hat

In diesem Buch möchte ich ein paar Geschichten erzählen. Es sind Geschichten mit großem Hintergrund und vielfältiger, tiefer Bedeutung, die freilich nicht leicht zu verstehen sind. Wir lesen sie im Evangelium des Johannes.

Dieses Evangelium liebe ich besonders. Ich fand immer, hinter den Geschichten des Johannes stehe mehr, als der erste Blick wahrnimmt oder das erste Hören versteht. Ich meine auch, es sei mit einer besonderen Liebe und Nachdenklichkeit geschrieben. Aber hin und wieder bin ich auch ein wenig unzufrieden mit dem Evangelisten. Und ich frage ihn dann etwa so:

Lieber Johannes, wer du auch sein magst, der sich so nennt, warum machst du es deinen Lesern so schwer? Da erzählst du gleich am Anfang deines Evangeliums von einer Hochzeit, auf der es an Wein fehlt und auf der Jesus, mit einer Handbewegung sozusagen, plötzlich vierhundert Liter Wein herbeizaubert. Ist das nicht ein wenig absurd? Ist es nicht mindestens stark übertrieben? Und was war der Sinn? Warum soll Jesus das getan haben? Was willst du sagen mit dieser und den anderen kuriosen, großenteils unglaubwürdigen Geschichten, die du erzählst? Du behauptest zum Beispiel, Jesus habe einem Menschen, der blind geboren war, plötzlich das Augenlicht geschenkt. Oder gar, er habe einen Toten, der seit vier Tagen im Grab lag, mit einem Zuruf herausgeholt und wieder lebendig gemacht. Wozu soll ich solche Dinge glauben, die doch heute auch unter Christen garantiert nicht mehr geschehen und die auch nicht viel nützen würden, heute, angesichts des Mangels und des Elends in der Welt, die wir um uns her sehen? Zauberer, Wundertäter und andere »Abgesandte« und »Vertreter« Gottes auf dieser Erde hat es genug gegeben. Was soll ich damit anfangen?

Während ich so ein wenig vorwurfsvoll über die Seiten seines Berichts hinblättere und nach einer Antwort suche, höre ich etwas wie seine Stimme und sehe ihn ein wenig lächeln, freundlich, als lächelte er über meine Fragen.

Mach doch einmal den Versuch, so höre ich ihn, alles, was du liest, aus jenem fremden Land und aus der Zeit des Römischen Reichs herauszunehmen. Versuche dir vorzustellen, dies alles geschehe auch in dir selbst, in deiner Seele, in deinem Körper, in deinem eigenen Kopf. Du hast völlig recht: Es wäre sinnlos, wenn eine Hochzeitsgesellschaft, in der man schlecht vorgesorgt hat, sich an einer solchen Menge kostenlosen Weins berauschen würde. Wenn du die

Geschichte in dich selbst hereinnimmst und eine Weile mit ihr umgehst, fängt sie vielleicht an, ihren Sinn zu zeigen. Dann erzählt sie dir etwas, das in den langen Jahren, seit ich mit Jesus unterwegs war, in mir selbst geschehen ist.

Achte auf die Bilder, die ich dir zeige. Du siehst eine Hochzeit. Das ist ein uraltes Bild für die festliche Gemeinschaft Gottes mit den Menschen und für ein erfülltes und gesegnetes Leben, auch schon lange vor Jesus, der dieses Bild ja auch sonst immer wieder gebraucht. Du siehst eine Braut, einen Bräutigam. Sie leben in dir selbst und finden sich. Du siehst eine Mutter. Das Bild der Mutter ist uralt und voll Bedeutung. Du siehst Krüge, die aufgestellt sind für Waschungen, die die Gäste vornehmen sollen. Es geht also um eine Art Reinigung. Und du siehst Wein, dieses lebendig machende, begeisternde Getränk, von dem schon die ältesten Mythen erzählen. Das alles sind Bilder, die heute noch bei euch modernen Menschen gelten, die zeigen, erzählen und deuten, selbst wenn die Sprachen sich ändern, in denen eine Geschichte erzählt wird. Es sind Bilder, in denen auch deine eigene Seele lebt, und es kommt darauf an, sie zu sehen. Diese Art »Sehen« ist ein Weg zum Verstehen und zum Glauben.

Achte auf die Bilder. Sie kehren immer wieder. Es ist das Wasser. Es sind Brot und Wein. Es ist die Erde, aus der einer aufsteht. Ein Blinder empfängt das Augenlicht. Damit er aber sehend wird, soll er an der Quelle Siloah die Augen waschen. Die Freunde des Meisters fahren über den See und geraten in einen Sturm. Eine Menge Menschen hungert irgendwo in der Steppe, und Jesus gibt ihnen Brot. Hochzeitsleute möchten feiern, und sie bekommen Wein. Einer liegt in der Erde, und Jesus ruft ihn heraus und stellt ihn auf seine Füße.

Wenn ich solche Vorgänge erzähle, dann erzähle ich zugleich mit, was durch diesen Jesus im Lauf der Jahrzehnte in mir geschehen ist. Ich bin jetzt ein alter Mann und erzähle meine eigene innere Geschichte. Wenn du willst, ist dieses ganze Evangelium auch meine eigene Biographie. Was ich in den Kulissen des damaligen Galiläa und Jerusalem schildere, ist auch das, was in mir selbst und vielen anderen geschah. Mein ganzes Evangelium ist immer zugleich auch die Spiegelung dessen, was Jesus in mir angestoßen und bewirkt hat, was sich in mir verändert hat, was immer wieder und in immer neuen Schritten geschehen ist bis hin zu diesem Tag, heute, da es geschrieben vor mir liegt.

Lies darum immer auch dies mit: Ich war es, der von dem Wein getrunken hat, den Jesus uns anbot. Er hat mich erfüllt und begeistert. Der Mann, der für sein Kind gebeten hat, daß Jesus es heile, für das Kind in seiner Seele, das Jesus dann gesund gemacht hat allein dadurch, daß er ein Wort sprach, war zugleich ich. Ich war der Kranke am Teich Betesda, der so lange gelähmt dagelegen hat auf seinem Lager, passiv und resigniert, und den Jesus auf seine Füße stellte. Ich war hungrig nach wirklichem Brot, von dem meine Seele hätte leben können, und Jesus hat es mir gegeben wie unzähligen anderen mit mir. Ich war eingeschlossen in meiner Angst wie in einem kleinen Kahn, der auf einem stürmischen See unterwegs ist, und Jesus hat den Sturm um mich her und in mir selbst gestillt und mich an das Ufer gebracht, auf dem ich wieder festen Grund unter den Füßen spürte. Ich verstand nichts von meinem Leben und vom Leben der Menschen in dieser Welt, wie wir alle sozusagen blind in die Welt hereinkommen, und Jesus hat mir die Augen geöffnet. Ja mehr noch, ich hatte im Grunde gar nicht gelebt. Ich hatte weder die Kraft noch den Willen, dieses Leben zu bestehen, das mir zugemutet war: Jesus hat mich geweckt und mir ins Freie und ins Leben geholfen. Auch davon erzählte ich.

Nach einer längeren Pause fährt Johannes fort: Wenn ich euch ansehe, ihr Christen des zwanzigsten Jahrhunderts, fällt mir die tiefe Mutlosigkeit auf, in der ihr dahinlebt, ihr und eure Kirchen. Ihr habt eine lange und reiche Tradition. Sie blockiert euch nach allen Seiten. Ihr habt eine christliche Sprache, aber sie taugt nicht dazu, mit euren heutigen deutschen Worten nachzusprechen, was ihr in meinem Evangelium lest. Vom Wein eines Fests ist fast nichts spürbar. Es gibt kaum Ekstasen bei euch, und wenn es sie irgendwo gibt, so werden sie unterdrückt und auf normales Maß gebracht. Es wird kaum noch für möglich gehalten, daß die Krankheiten eurer Seelen Heilung finden können. Kaum einer löst sich noch aus seiner Lähmung und tritt auf seine Füße, weil er ein Wort des Mannes aus Nazareth gehört hat. Was soll ich sagen? Auch alle die anderen Geschichten finden kaum noch statt. Ich weiß keinen rechten Rat, wenn ich das sehe, als daß ich euch wieder einmal meine Geschichten erzähle.

Noch etwas habe ich getan. Ich habe in meinem Buch nicht nur geschildert, was Jesus in mir bewirkt hat, sondern auch, was er selbst dabei für mich geworden ist. Wenn Jesus sagt: »Ich bin die Tür«, dann bedeutet das, daß er für mich die Tür war ins Freie. Ich erzähle von seinem Wort »Ich bin das Brot«, weil er meinen Hunger gestillt hat, meinen Hunger nach Leben und Erfüllung. Er sagt: »Ich bin der Weinstock«, weil ich ihn so erfahren habe, daß ich an ihm sozusagen durch seine Kräfte gewachsen bin wie eine Rebe und euch nun diesen reifen Wein einschenken kann. Wie ich mit Jesus zusammen auf jener Hochzeit von dem einfachen galiläischen Wein, den man in solchen Fällen auszuschenken pflegte, getrunken habe, so hat der Wein, den Jesus uns gab, aus meinem angstvollen, bedrängten Leben ein Fest gemacht. Wenn Jesus damals vor uns stand und zu uns redete mit der großen Liebe, die von ihm ausging, wenn er damals den Hunger unserer Seele und den vieler anderer Menschen gestillt hat, dann war er im Grunde selbst das Brot. Wenn er von mir und meinen Freunden die Angst genommen hat, nicht nur damals auf dem See, sondern in sehr viel tieferem Sinn, dann drücke ich das so aus, daß ich sein Wort wiederhole: »Ich bin der gute Hirte«, wie er selbst sich in seinen Gleichnissen gelegentlich genannt hat.

Wenn er mir die Augen geöffnet hat und ich durch ihn nicht nur die Wirklichkeit klarer sehen lernte, sondern auch die Wahrheit, nicht nur das Äußere, sondern auch mich selbst; wenn ich durch ihn gelernt habe zu schauen, was unseren leiblichen Augen verborgen ist, dann empfand ich ihn nicht nur als Arzt meiner Seele, sondern auch als das »Licht«, das ich nun schaue, das »Licht der Welt«. Und wenn ich erzähle, wie er Lazarus aus dem Tode geholt hat, nein, nicht nur Lazarus, sondern auch mich, dann fasse ich das in sein Selbstbekenntnis: »Ich bin die Auferstehung, ich bin das Leben.« Dann ist er nicht mehr so sehr der Wundertäter, der einmal einen aus dem Tod erweckt hat, sondern er ist selbst das Leben, das mir nach meiner Gefangenschaft im Tode offenstehen wird, wenn er mich aus meinem Grab aufrichten wird zu meiner eigentlichen Gestalt. Es ist alles im Grunde auch die Geschichte meiner Seele, die Wirkungsgeschichte des Meisters von Nazareth.

Ich bin übrigens noch in einem ganz anderen Sinn in meinen Geschichten beteiligt. Man findet bei euch, ich hätte ein »judenfeindliches« Evangelium geschrieben. Die »Juden« seien in meinen Geschichten immer die, die nicht hören wollen, nicht sehen, nicht verstehen. Sie seien immer die, die sich verschließen, die distanziert bleiben oder Jesus ans Leben wollen. Das ist gar nicht so falsch. Aber wenn du das alles nachzufühlen suchst, dann bemerkst du, daß sich auch darin etwas von mir selbst verbirgt. Ich bin doch selbst ein Jude und stehe in einer großen Tradition. Ich bin Jude bis zum heutigen Tag und wünsche mich aus der Überlieferung meines Volks nicht hinaus. Auch Jesus war ja Jude. Was ich aber in den Streitgesprächen schildere, die zwischen Jesus und den Juden sich abspielten, das ist ein Drama, das sich in mir selbst abgespielt hat. Meine eigene Herkunft liegt darin, mein jüdisches Erbe, mein jüdisches Wissen, das ich mir als junger Mensch angeeignet hatte; aber auch meine eigenen Zweifel und meine Kritik, meine eigene Versperrtheit, aus der mich Jesus befreit hat, die wie das Grab des Lazarus war, während »die Juden« kritisch und feindlich abseits standen.

Es ist eine Gefahr, die in jedem von uns lauert, daß seine Herkunft, seine Traditionen, die Denkgewohnheiten seiner Zeit, aber auch seine guten und edlen Züge, seine Ehrlichkeit und Geradlinigkeit, mit der er auf Jesus zugeht, ihm genau im Wege sind. Was für mich meine jüdische Herkunft und Frömmigkeit war, das ist für euch eure christliche: Sie ist der Schatten, der euch das Licht gerade verbirgt. Eure Traditionen sind für euch, ebenso wie die unseren es für uns waren, das eigentliche Hindernis, das es zu überwinden gilt. Eure mehr oder weniger christlichen Gewohnheiten oder christlichen Bekenntnisse, die ihr denen nachsprecht, die vor sechzehnhundert Jahren gelebt und bekannt haben, sind das eigentliche Hindernis. Hätte ich als Deutscher mein Buch geschrieben, dann hätte ich ebenso kritisch und kompromißlos über eure Verschlossenheit, die in diesem Fall ja meine eigene Verschlossenheit gewesen wäre, berichtet, wie ich als Jude von den Juden, dem Juden in mir, gesprochen habe. Wer vom Licht spricht, muß auch vom Schatten sprechen.

Und noch etwas. Ich sage über meine Wundergeschichten nicht, sie seien Zaubereien, sondern ich sage: Sie sind »Zeichen«. Das ist wichtig. Was ist denn ein »Zeichen«? Das kann für euch moderne Menschen, die von allen Seiten von Zeichen umstellt sind, kein Geheimnis sein. Wenn ich über eure öffentlichen Plätze gehe, sehe ich eine Menge davon: Verbotsschilder, Hinweiszeichen, Richtungsweiser in Gestalt von manchmal ganz simplen Bildern. Ein »Zeichen« ist etwas, das etwas »zeigt«. Das etwas vor Augen stellt. Du brauchst nicht weit zu gehen, nur bis an den nächsten größeren Platz in deiner Stadt. Da stehen unter vielen anderen auch zwei Schilder. Auf dem einen ist ein Flugzeug gemalt, das steil nach oben abhebt, auf dem anderen, das in die Gegenrichtung weist, ein Fußball. Das versteht jeder, auch jeder Ausländer, der kein Deutsch kann. Das Flugzeug zeigt die Richtung auf den Flughafen, der Fußball die Richtung auf das Sportstadion.

Nun könnte einer das auch mißverstehen und sagen: Da ist ja das Flugzeug! Also setze ich mich hier auf die Parkbank, dann wird sicher bald ein Flugzeug hier einschweben und mich mitnehmen. Er wird vermutlich bis ans Ende seines Lebens dort sitzen und warten. Oder wenn er sagte: Da ist ein Fußball, also wird hier gespielt, gleich werden die Mannschaften einlaufen, dann wird er vermutlich nie ein Tor sehen. Das ist aber die Art, wie ihr Christen gewöhnlich dasitzt und auf ein Wunder Gottes wartet. Da kann es dann auch nicht verwundern, daß eure Mattigkeit alles durchdringt, was in eurer christlichen Welt heute geschieht.

Ein Zeichen der Art wie das Flugzeug oder der Ball sagt ja etwas ganz anderes. Es sagt: Wenn du aufstehst und dich in diese Richtung auf den Weg machst, dann kommst du am Ende dorthin, wohin du kommen willst. Alles kommt darauf an, daß du dich in Bewegung bringst. Das Zeichen ist im Grunde unwichtig. Wichtig an ihm ist die Richtung, in die es weist. Wenn du mit mir streiten willst darüber, ob Jesus tatsächlich auf dem Wasser gegangen sei, dann wirst du bis zum Ende der Welt keine vernünftige Antwort finden. Denn du verkennst meine Absicht. Du verwechselst den Fußball auf dem Blechschild mit dem Spielfeld, das in dir selbst ist und auf dem dein Spiel und deine Beteiligung gefordert sind.

Ich will im Ernst reden. Wenn bei Jesus solche Vorgänge »Zeichen« heißen, dann bedeutet das: Ihm ist ganz unwichtig, wie du sie dir erklärst. Ihm ist ganz unwichtig, daß du ihn als den großen Magier bewunderst. Ihn interessiert auch nicht, ob man unter euch modernen Menschen sagt: Wunder sind möglich. Oder: Sie sind unmöglich. Die ganze Welt ist ohnedies voll von Geheimnissen, die ihr nie begreifen werdet, einfach schon deshalb, weil ihr sie nicht wahrnehmt. Für Jesus ist wichtig, daß ein solches Ereignis für euch zu einem Hinweis wird auf eine andere Wirklichkeit. Was in der Tiefe eurer Seele oder in anderen Dimensionen als die, die ihr kennt, geschieht, soll sich anschaulich durchzeichnen bis in eure kleine Welt.

Wenn ich sage, diese »Wunder« sind »Zeichen«, dann sage ich: Hier geschieht etwas, das du zunächst nicht einordnen kannst. Das ist so wirklich wie alles, was du sonst vor Augen hast, aber du mußt den Hinweis verstehen. Du mußt hierher kommen, wo ich stehe, und in die Richtung schauen, in die ich weise.

So spricht Jesus übrigens auch von sich selbst. Er sagt: »Wer mich sieht, sieht den Vater.« Ich bin sichtbar. Der Vater ist nicht sichtbar. Ich verweise auf ihn. Ich bin das Zeichen, das für ihn steht. Wenn du ihn erkennen willst, mußt du sozusagen durch mich hindurchschauen.

Ein »Zeichen« ist wie ein Fenster, durch das Licht aus einer anderen Wirklichkeit zu uns hereinkommt. Zugleich sagt es: Es ist eine Täuschung, wenn du meinst, es gebe nun zwei Wirklichkeiten. Das Universum im Großen und im Kleinen, hat seine Einheit und Ganzheit. Nur der Kopf des Menschen, der deine und der meine, ist zu klein, um das Ganze zu fassen.

Aber, so wende ich ein, lieber Johannes, warum versteckst du das alles in so merkwürdigen Geschichten? Das könntest du uns doch auch viel einfacher sagen, direkt und geradlinig!
Das könnte ich schon, höre ich ihn antworten, aber was wäre euch damit geholfen? Was einer direkt und geradlinig sagt, das geht seinen kurzen Weg in das linke Ohr und zum rechten wieder hinaus. Mir liegt ja eben daran, daß ihr eine Weile braucht, bis ihr versteht. Ihr müßt einen Weg durch eure eigene Seele gehen, einen vielleicht langen. Ihr müßt den Lichtern und den Schatten in euch selbst begegnen. Ihr müßt die Bilder sehen, die in euch selbst sind. Ihr müßt euch bereitfinden, bestimmte Schritte zu gehen, einen hinter dem anderen, und vieles ablegen, das euch bisher beschäftigt oder belastet hat. Wandlungen des inneren Menschen dauern lange und sind mühsam. Was nur einfach ist, hilft nicht dabei.

Ich verlange keinen primitiven Wunderglauben. Der geht schon lange nicht mehr. Er ist schon zu meiner Zeit nicht mehr möglich gewesen. Es geht aber auch nicht um den naiven Glauben an das Vordergründige, der ohne den Hintergrund, das Wirken Gottes, auskommt. Der war schon zu meiner Zeit nicht möglich, und der geht auch bei euch nicht. Nein, es handelt sich um sehr geistige Vorgänge, die sich auswirken in den Erfahrungen eurer Seele und in eurem ganzen leiblichen Dasein. Davon rede ich. Wenn es dir mühsam scheint, dann – und ich sehe Johannes wieder lächeln – nimm eben hin, daß es so und nicht anders lautet, was ich sage. Du fragst, warum ich Geschichten erzähle und nicht sachliche Berichte bringe. Ich schreibe nicht im zwanzigsten Jahrhundert – ich bin keiner von euren Journalisten –, sondern im ersten. Damals galten für literarische Werke andere Regeln als heute für euch. Nimm es eben hin. Ich habe dir gesagt, was ich mit all dem meine.

Während ich mir durch den Kopf gehen lasse, was Johannes mir erzählt, höre ich ihn, wie aus weiter Ferne, sich verabschieden:

Du liest Geschichten, die mit deinem eigenen Wachstum zu tun haben, mit deiner Wandlung, mit deiner Reifung, mit deiner Befreiung, mit deiner Heilung, mit dem Aufgehen deines inneren Auges, mit der Kräftigung deiner Füße und Hände, mit deiner Suche nach Weg und Ziel. Und ich möchte dich zuletzt darauf hinweisen, daß all dies in der ersten Hälfte meines Evangeliums steht. In der zweiten steht etwas sehr Einfaches und sehr Großes. Da geht es um die Liebe, die Gottes Geist in mir wie in dir wecken will und im Vergleich mit der nichts wirklich groß genannt werden kann. Aber ich habe schon zu viel geredet. Lebe wohl und sieh auf deinen Weg.

Ich, Jörg Zink, bin nicht Johannes. Ich weiß, wie gefährlich es ist, einen Menschen, der vor zweitausend Jahren an einem ganz anderen Ort gelebt hat, heute reden zu lassen. Man kann ihn dabei auch schrecklich mißverstehen. Aber ich versuche es. Jeder von uns hört die Bibel mit seinem eigenen Gehör, mit seiner eigenen Lebensgeschichte im Hintergrund. Und die Menschen einer anderen Zeit reden zu uns so, wie wir sie eben hören und verstehen können. Es ist ein Spiel. Doch vielleicht hat ein solches, gewiß riskantes, Spiel seine eigene Wahrheit.

I

Einen Sinn ahnen: Die Hochzeit zu Kana

Johannes erzählt: »In Kana in Galiläa wurde eine Hochzeit gefeiert, und die Mutter Jesu war unter den Gästen; es waren aber auch Jesus selbst und seine Jünger eingeladen. Als aber (im Lauf der Festwoche) der Wein zur Neige ging, sagte die Mutter Jesu zu ihm: Sie haben keinen Wein mehr. Jesus antwortete: Was erwartest du von mir, Frau? Meine Stunde ist noch nicht gekommen. Seine Mutter aber wandte sich an die Diener: Was er euch sagt, das tut!

Nun standen da, wie es die religiöse Ordnung der Juden vorschreibt, sechs steinerne Wasserkrüge, die der kultischen Reinigung dienten und von denen jeder rund achtzig Liter faßte. Da wies Jesus die Diener an: Füllt die Krüge mit Wasser! Und sie füllten sie bis zum Rand. Jesus fuhr fort: Schöpft nun, und bringt davon dem Speisemeister! Und sie taten es. Als aber der Speisemeister das Wasser kostete, das zu Wein geworden war, und er sich nicht erklären konnte, woher er kam – nur die Diener, die das Wasser geschöpft hatten, wußten es –, da rief der Speisemeister den Bräutigam und sagte zu ihm: Jedermann bietet den guten Wein zuerst an und, wenn sie betrunken sind, den weniger guten. Du hast den guten Wein bis zu diesem Augenblick zurückgehalten!

Das war das erste unter den Zeichen, die Jesus gab, und er gab es in Kana in Galiläa. So offenbarte er seinen Auftrag von Gott, seine Jünger aber glaubten an ihn.« (Johannes 2,1–11)

Wenn es wahr ist, daß Geschichten wie diese neben ihrem vordergründigen Erzählsinn auch den Sinn einer inneren Geschichte haben, und dieser innere Sinn der eigentlich wichtig ist, dann werden wir zwei Wege gehen, um sie zu verstehen. Wir hören zum einen zu, was erzählt ist. Und wir stellen uns zum anderen die Bilder vor, in denen die Geschichte sich ergeht. Jesus erzählt ja fast immer in Bildern. Er zeigt eine Szene, in der eine Hausfrau vorkommt oder ein Kaufmann oder ein Fischer, ein Baum oder ein Acker oder eine Schafherde. Wir sollen uns die Bilder dieser Szene plastisch und farbig vorstellen, damit wir verstehen, was er meint. Das ist für uns Heutige nicht ganz einfach, weil Jesus natürlich an die tägliche Erfahrung seiner Hörer anschließt und weil diese Erfahrung nicht mehr die unsere ist. Wir leben in einer ganz anderen Welt, und solche täglichen Dinge geschehen bei uns nicht mehr so, wie sie damals selbstverständlich waren. Was sind also die Bilder in unserer Geschichte?

Zunächst einmal erzählt Johannes von einer »Hochzeit«. Vielleicht hilft es zu einem Anfang des Verstehens, wenn wir uns eine damalige Hochzeit genau vorstellen. Sie verlief sicher nicht immer nach demselben Schema, aber die Grundform, die man einhielt, wenn ein Mann eine Frau heiraten wollte, war etwa die:

Zunächst begab sich der Mann in das Haus der Eltern der Braut und brachte seine Werbung vor. Oder die Eltern des noch jugendlichen Bräutigams taten dies. Wenn die Eltern der Braut einverstanden waren, übergab er sein Brautgeschenk.

Danach wurde vor der Familie und zwei Zeugen die Verlobung gefeiert. Die galt für damalige Verhältnisse schon so fest wie bei uns eine Hochzeit. Da stellte man Fragen und gab festgelegte Antworten, wie man bei einer heutigen Trauung gefragt wird: »Willst du …« und »Willst du …« und geantwortet wird: »Ja, ich will.« Die Brautleute empfingen den Brautsegen und gaben einander ihre Ringe, wie es im Hohenlied heißt: »Ich möchte ein Ring sein, den du am Finger trägst.« Zu dem Zeitpunkt konnten die Brautleute noch Kinder sein.

Längere Zeit, oft erst Jahre später, führte der Bräutigam seine Braut zu sich nach Hause. Das war der dritte Schritt. Er geleitete seine junge Frau, die in der Regel auf einem Esel ritt, in sein Haus oder auf seinen Hof. Dabei wurde er von einem bunten und lauten Zug von Festgästen begleitet, der sang und tanzte und auf allerlei Musikinstrumenten spielte.

Der vierte Schritt war das Fest des Bräutigams mit seinen Freunden. Wenn die Braut im Haus war, ging er weg und feierte eine Art Polterabend mit seinen Altersgenossen, und irgendwann in der Nacht kam er zurück in sein Haus und zu seiner Braut. Das bei Matthäus überlieferte Gleichnis von den fünf törichten und den fünf klugen Jungfrauen, in dem die Mädchen warten müssen, bis in der Nacht der Bräutigam zu seinem Fest kommt, spielt in dieser vierten Phase. (Matthäus 25,1–13)

Dann folgte das große Hochzeitsmahl, der eigentliche Höhepunkt. Die Braut war inzwischen wieder zurückgegangen in ihr Elternhaus, wo das eigentliche Fest vorbereitet war. Eines der Rituale, die dabei, vielleicht nicht immer, aber doch oft begangen wurden, war das Spiel zwischen dem König Salomo und seiner Braut Sulamith. Von diesem Brauch hat das »Hohelied Salomos« seinen festlichen Klang und seine farbige Bildersprache. Da wurden der Bräutigam besungen und die Braut. Es wurde gegessen und getrunken, und alles, was das Haus hatte, wurde aufgetischt.

Wenn wir uns mit einiger Phantasie ausdenken, wie das zugegangen sein könnte, dann stellen wir uns vor, daß auf dem Hof – die Häuser waren für festliche Versammlungen viel zu klein – zwei Stühle standen, erhöht, wie Throne. Die Braut und der Bräutigam setzten sich darauf und spielten Salomo und Sulamith. Dann setzte die Mutter des Bräutigams ihm eine Krone oder einen Kranz auf und sang dazu das Lied, das wir im Hohenlied lesen:

»Kommt alle und seht!
Seht den König Salomo mit der Krone,
mit der ihn seine Mutter gekrönt hat
am Tag seiner Hochzeit,
am Tag der Freude seines Herzens.«
(Hoheslied 3,11)

Danach krönte die Mutter der Braut ihre Tochter ebenso, und sie sangen, was sich in den folgenden Versen versteckt:

»Königinnen sind hier und Jungfrauen ohne Zahl.
Aber eine ist meine Taube, meine Reine.
Die Einzige ist sie für ihre Mutter,
das Liebste, das sie geboren hat.«
(Hoheslied 6,8–9)

Dann sangen die Gäste Lieder zu Ehren der Königin und des Königs, die bis ins einzelne ihre Schönheit und ihre Kraft beschrieben. Das eine oder andere mag auch der Bräutigam auf die Braut gesungen haben oder die Braut auf den Bräutigam. Und sie tanzten dazu:

»Wende dich hin, wende dich her, Sulamith!
Wende dich hin, wende dich her,
daß wir dich schauen!
Wie schön ist dein Tanz in deinen
Schuhen, du Fürstentochter!
Die Rundung deiner Hüfte ist wie
ein Halsgeschmeide,

das des Meisters Hand gemacht hat.
Dein Schoß ist ein runder Becher,
dem nimmer Getränk fehlt.
Deine beiden Brüste sind wie junge Zwillinge
von Gazellen …
Das Haar auf deinem Haupt ist schön wie Purpur,
ein König liegt in deinen Locken gefangen.«
(Hoheslied 7,1–6 und öfter)

Oder von der Braut zum Bräutigam:

»Mein Bräutigam ist weiß und rot,
herrlich, mehr als Tausende andere …
Seine Locken sind kraus und schwarz wie Raben.
Seine Augen sind wie Tauben
an den Wasserbächen …
Seine Lippen sind wie Lilien …
Sein Leib ist wie reines Elfenbein,
mit Saphiren geschmückt.
Seine Beine sind wie Marmorsäulen,
gegründet auf goldenen Füßen.
Sein Mund ist süß,
und alles an ihm ist lieblich.«
(Hoheslied 5,10–16)

Auch dieses Lied mag wohl der Bräutigam gesungen haben:

»Du machst mein Herz fröhlich,
geliebte Braut,
mit einem einzigen Blick deiner Augen!

Wie schön ist es, daß du mich liebst,
geliebte Braut!
Viel schöner und kostbarer ist das
als der edelste Wein.
Süß wie Honig sind deine Lippen,
süß wie Honig und Milch dein Mund.
Der Duft deiner Gewänder berauscht mich
wie der Duft von Blütenbäumen!«
(Hoheslied 4,9–11)

Die Braut sang weiter und sah dabei die goldene Krone an:

»Du bist schön, mein Bräutigam,
dein Haupt glänzt von Gold.
Du bist mein König!
Dunkel sind deine Locken,
deine Augen dunkel und schön
wie die Augen von Tauben,
deine Lippen sind rot
wie blühende Lilien.
Dein Mund ist süß,
und alles ist herrlich an dir.«
(Hoheslied 5,10–16)

Dann sangen sie beide miteinander:

»Ich möchte dein Schmuck sein,
der an deinem Herzen hängt.
Ich möchte ein Ring sein,
den du am Finger trägst.

Denn die Liebe ist stärker als der Tod.
Sie ist wie Feuer.
Man kann sie mit Wasser nicht löschen
und mit ganzen Flüssen nicht ertränken.
Die Liebe soll uns zusammenhalten
unser ganzes Leben lang.«
(Hoheslied 8,6–7)

Es ist nicht erstaunlich, sondern sehr naheliegend, daß Jesus immer wieder eine Hochzeit als Bild wählte in seinen Reden über das Gottesreich. Etwa so: »Es war ein König, der wollte für seinen Sohn die Hochzeit ausrichten...« (Matthäus 22,2–14)

Auf der anderen Seite waren solche Hochzeiten – und sind es bis heute bei vielen Völkern – nicht nur der Anfang des Glücks, sondern auch der Sorge, wenn nicht des Elends. Viele Familien konnten sich den Aufwand, der erwartet wurde, nicht leisten. Sie waren, wenn der Alltag begann, schon so verschuldet, daß sie viele Jahre brauchten, um wieder aufatmen zu können. Das Fest war überschattet von der Zukunft. Wie eine Provokation klingt es demgegenüber, wenn Jesus von den Vögeln und den Blumen spricht und davon, man solle sich nicht von seiner Sorge aufzehren lassen. Er macht Mut zum Fest, zur Freude, zur Ekstase, weil er damit ein Zeichen setzen will für das, was nach dem Elend dieser Erde uns alle erwartet.

In Kana also fand eine solche Hochzeit statt. Als sich nun zeigte, daß die Brauteltern sich soviel Wein, wie da getrunken wurde, nicht leisten konnten und man plötzlich vor leeren Krügen saß, geschah durch Jesus etwas, das keiner sich so recht deuten konnte. Die einen sagten nachher: »Er hat Wein gezaubert.« Die anderen: »Wir hatten auf einmal genug zu trinken.« Oder dritte: »Wir waren so fröhlich, als hätten wir ganze Fässer voll Wein getrunken. Wie es zuging, wissen wir nicht, aber wir hatten danach noch wunderschöne Festtage.« Und einer von ihnen, Johannes, schrieb es am Ende so auf, wie wir es heute lesen. Auch er erklärt nicht, wie alles zugegangen ist. Es geschah ein »Zeichen«, sagt er. Es geschah etwas, an dem uns etwas aufgehen soll. Was war das?

Die Geschichte hat noch mehr Auffälliges an sich. Der kurze Redewechsel Jesu mit seiner Mutter hat die Leser immer schockiert. Drückt sich in dem Satz, der üblicherweise übersetzt wird mit: »Weib, was habe ich mit dir zu schaffen?«, tatsächlich die Beziehung zwischen Mutter und Sohn aus? Denn darin scheint nicht nur ein unfreundliches Nein, sondern eine fast schon feindselige Abwehr zu liegen. In der üblichen Formel, die im griechischen Text lautet »Was mir und dir?«, liegt eine breite Palette von Bedeutungen. Sie reicht von einer endgültigen Trennung zwischen denen, die so sprechen, bis hin zu einer beiläufigen Abwehrbewegung etwa der Art, in der wir heute sagen würden »Na und?« Oder: »Was ist daran wichtig?« Oder: »Was geht uns beide das an?« Oder: »Das ist doch nicht unser Problem.«

Dann aber geschieht das von Maria leise angedeutete Zeichen doch. Wasser, das ist seit Urzeiten der Menschheit das Element, aus dem das Leben kommt und in das es sterbend wieder versinkt. Der Wein war schon Jahrtausende vor Jesus das Zeichen für schöpferische Kraft, für rauschende Feste, für Ekstase und Lebensüberschwang. Wo Wasser sich in Wein wandelt, da wandelt sich die Trauer in Ekstase, der bloße Wechsel zwischen Tod und Leben in ein ewiges Fest. Dann liegt in der Vorankündigung des Todes, die irgendwann in jedem Leben ergeht, die Ankündigung einer großen endgültigen Auferstehung, die Ankündigung von Ewigkeit. Ewigkeit aber ist nicht unendlich lange währende Zeit, sondern die Befreiung aus den Grenzen und Abläufen der Zeit, auch einer »ewigen«.

Ich will in die Einzelheiten des Berichts nicht zu viel hineinlegen. Doch scheint mir, in dem Hinweis, die Krüge hätten nach der Sitte der »jüdischen Reinigung« dagestanden, hätten also dem Zweck religiöser Waschungen gedient, liege ein hintergründiger Sinn: Reinigung, das ist die immer wieder notwendige Abwehr des Todes, der Krankheit, der Schuld und der immer erneute Hinweis darauf, daß Reinigung niemals endgültig gelungen sein wird.

Am Anfang, als die Hochzeitsgäste in jenes Haus in Kana kamen, standen dort die sechs Krüge, die der Reinigung dienten, der Waschung der Gäste vom Staub der Straße und der Wohltat für ihre Füße. Sie scheinen benützt worden zu sein, denn später, während des Fests, waren sie leer und mußten neu gefüllt werden. Wenn Jesus freilich recht hat mit dem, was er später über den Sinn und die Wirkungslosigkeit solcher Waschungen, soweit sie religiösen Sinn hatten, gesagt hat – daß nämlich der Mensch nicht durch das unrein wird, was von außen an ihn heran, sondern durch das, was aus seinem Herzen herauskommt –, dann mag solches Tun sinnvoll sein, um einen Menschen frisch zu machen und seine Füße zu kühlen. Darüber hinaus sind solchen Ritualen enge Grenzen gesetzt. Ich empfinde das immer wieder, wenn ich das schon fast pathologische Anpreisen von Waschmitteln in der Fernsehwerbung anschaue und daneben den ebenso kranken Waschzwang der Verbraucher, die sich davon bestimmen lassen. Kann eine solche Werbung überhaupt erfolgreich sein, wenn nicht damit gerechnet wird, daß die Menschen von einem Waschmittel im Grunde eine Reinheit erhoffen, die so gerade nicht entsteht? Denn das Leben ist eben nicht reinzuwaschen. Das Herz ist eben nicht fleckenlos sauber zu machen. Alles behält seinen Grauschleier. Die Farben bleiben eben nicht frisch wie am ersten Tag, wenn nicht etwas ganz anderes geschieht.

Wenn Jesus sagt: »Selig sind, die reinen Herzens sind, sie werden Gott schauen«, meint er eben nicht das fleckenlos saubere Herz, auch nicht im moralischen Sinn. Er meint das von Liebe durchströmte, das lebendige, geisterfüllte Herz. Wenn wir am Ende über die Schwelle des Todes treten, dann gründet sich unsere Hoffnung nicht auf die Sauberkeit unseres Gewissens, sondern darauf, daß Gott uns aufnimmt mit allem, was uns befleckt, daß er uns mit seiner Liebe und seinem Geist erfüllt und uns so neu schafft zu Menschen, die sich zu Gästen an seinem Tisch eignen.

Am Ende sollen sie schöpfen. Das heißt: Wein wird da sein, indem sie schöpfen, indem sie mit ihren kleinen Gefäßen in die Krüge greifen und, was dort gegeben wird, einfassen und weitergeben. Indem sie schöpfen, geschieht das Wunder, daß der Mangel sich ins Fest wandelt, der Tod ins Leben.

Was liegt denn in dem Bild und dem Gedanken einer Hochzeit? Jesus spricht, wie gesagt, immer wieder davon. Er tut es im Zusammenhang mit der Überlieferung seines Volkes, in dem schon tausend Jahre zuvor das Volk Israel als die Braut und Gott als der Bräutigam vorgestellt worden waren. Und er tut es in der menschheitlichen Bildersprache, in der die heilige Hochzeit zwischen Himmel und Erde, zwischen Gott und Mensch, gefeiert wurde. Vor allem aber: Er führt das Symbol der heiligen Hochzeit ohne große Umwege durch die ganze Menschheitsgeschichte hindurch bis ans Ende der Tage, wenn diese Hochzeit endgültig stattfinden wird. »Wie der Bräutigam sich über die Braut freut, so freut sich über dich dein Gott«, lesen wir in Jesaja 62,5. »Das Reich Gottes gleicht einer Hochzeit«, steht bei Matthäus 22,2. »Hochzeit«, das ist ein Leben, das in Freude und Begeisterung gelebt wird und nicht mehr in Kleinlichkeit, Pedanterie, Ängstlichkeit und Verkrampftheit. Daß im Johannesevangelium das Wirken Jesu auf einer Hochzeit beginnt, ist wie ein Programm für alles, was er danach tut.

Der Kirche in den ersten Jahrhunderten nach Jesus waren die Zusammenhänge durchaus vertraut. Darum las sie am 6. Januar, dem Fest »Erscheinung des Herrn« (Epiphanie), die Geschichte von der Hochzeit zu Kana. Am 6. Januar aber feierten die Menschen in der nichtchristlichen Umgebung das Fest des Dionysos, des Weingottes. An diesem Tag wurde in den ihm geweihten Tempeln Wein ausgegeben, von dem man sagte, der Gott habe ihn aus Wasser geschaffen. Die christliche Kirche sah also in Christus den, der Dionysos ablöste.

Am Tage des Dionysosfestes, so wird erzählt, hätten die Tempelquellen auf Andros und Teos alljährlich Wein statt Wasser gespendet. In Elis wurden am Vorabend des Fests drei leere Krüge im Tempel aufgestellt, die man am anderen Morgen voll Wein antraf. Es gab aber auch, unabhängig vom Dionysoskult, den Gedanken in der alten Welt, zum Beispiel bei Philo, Gott spende den Seelen der Menschen Wein statt Wasser, und der Geist Gottes sei der »Speisemeister«, der ihn ausschenke. Vermutlich hat Johannes, als er seine Geschichte aufschrieb, die alten Bilder mitgedacht, die die Menschen von Gott hatten, dem großen Wandler, dem Geber des Fests und der Ekstasen.

Als ich mit meinem Nachdenken so weit gekommen war, fiel mir ein, daß Johannes gesagt hatte, all dies sei auch seine persönliche Biographie. Alle diese »Zeichen« seien auch in ihm geschehen. So wollte ich verstehen, was diese Geschichte für die innere Lebensgeschichte eines Menschen bedeuten könne, und fragte, in der Hoffnung, er würde sich dazu äußern: Lieber Johannes, was hat denn diese Geschichte für dich selbst bedeutet? Was hast du da alles hineingelegt oder hineinerzählt aus deiner eigenen Seele? Und ich hörte ihn etwa so:

Natürlich habe ich alles angedeutet und miterzählt, was die Menschen seit Urzeiten über die heilige Hochzeit und über den Wein, der von Gott kommt, wissen. Auch für Jesus stand die heilige Hochzeit der alten Völker im Hintergrund, wenn er über die Hochzeit Gottes mit den Menschen sprach. Auch wir denken wie alle an den alten Dionysos, den Gott des Weins. Aber wir denken vor allem an das ganz andere, das Jesus für uns war. An das Neue, das er gebracht hat, weit über die alten Vorstellungen hinaus.

Was er uns gebracht hat? Ich muß ein wenig früher anfangen. Ich bin ihm damals begegnet, als ich im Schiff stand und er mir zurief: Komm! Ich brauche dich! Ich kann nicht erklären, was daran so zwingend war, daß ich alles stehen- und liegenließ und mit ihm ging. Das kann nur verstehen, wer es selbst erfahren hat. Man kann natürlich sagen: Jesus war ein großer Prophet. Er war eine überwältigende Persönlichkeit. Man kann sagen:

Aus ihm sprach Gott, in ihm erklang so etwas wie die Stimme Gottes. Aber das sind alles Erklärungen für die, die es nicht selbst erlebt haben.

Wenn ich denke, in was für einem Zustand ich damals war! Es war alles so sinnlos, was wir taten. Gut, wir fingen Fische bei Tag und Fische bei Nacht. Wir versorgten unsere Familien. Wir mühten uns. Wir feierten unsere kleinen Feste. Aber das war es denn auch. Daß unser Leben ein Ziel habe, konnte ich nicht sagen. Daß es eine bestimmte Richtung habe und irgendwann seinen Sinn zeigen werde, das war sehr weit entfernt. Das meiste, was ich mir gerne erklärt hätte, war mir verborgen. Zum Beispiel das mit dem Tod, das mit dem unendlichen Leiden unter den Menschen, von dem niemand sagen konnte, warum es sein mußte. Das mit dem rätselhaften, verborgenen Gott, von dem mancher sagte, er meine es gut mit uns Menschen, und an dessen Rätselhaftigkeit mancher andere fast zugrunde ging. Gewiß, ich hatte die Religion meiner Väter. Manchmal konnte ich fast sagen, ich sei einer von denen, die wirklich glauben. Aber im Grunde blieb alles nebelhaft. Nein, ich war in keinem guten Zustand. Und ich merkte: Die Älteren und die Frommen waren es auch nicht. Niemand konnte so recht sehen, ob wir uns das, was wir von Gott dachten, selbst einredeten, weil wir es brauchten, oder ob Gott zu unseren Vorfahren wirklich geredet habe. Denn wenn er geredet hat, warum redete er nicht auch jetzt? Zu mir? Und zu all den anderen, die wie ich an der Dunkelheit ihres Schicksals und ihres Auftrags zu leiden hatten, an der Antwortlosigkeit, die auf unsere Gebete folgte, an der Leere, in die wir unsere Bekenntnisse hineinsprachen? Es war alles so eng, so verbaut. Überall waren Grenzen, über die man nicht hinausdenken konnte oder durfte.

Ich habe ja auch von einer früheren Begegnung mit Jesus erzählt – ohne meinen Namen zu nennen. Der ist ja auch unwichtig. Als wir mit einigen Freunden auf der Suche nach einem Mann, der uns etwas zu sagen hatte, beim Täufer am Jordan waren und Jesus dort antrafen, war ich noch nicht entschieden, ob ich bei ihm bleiben sollte oder bei dem Täufer Johannes. Ich bin danach noch einmal zurückgekehrt zu meinem Handwerk, ehe ich mich endgültig an Jesus anschloß. Dann geschah das Entscheidende. Wir waren mit Jesus eingeladen zu jener Hochzeit. Seine Familie gehörte zur Verwandtschaft der Brautleute. So wanderte auch Jesus hin mit denen, die ihre ersten Schritte mit ihm gingen. Und da geschah das, wovon ich erzähle. Ich weiß nicht, was daran für die anderen wichtig war, ob sie es überhaupt gesehen, ob sie es verstanden haben. Aber für mich geschah das Wunder von Kana.

Zunächst lief alles wie gewohnt. Man traf sich, man begrüßte sich, man aß, man trank, man spielte und tanzte. Es war nichts Besonderes, sondern eben eine Hochzeit. Ob es der Anfang des Glücks war für die beiden, das habe ich ein wenig bezweifelt, aber darum sind ja die Hochzeiten so festlich, damit wenigstens etwas an einer langen Ehe festlich war. Sie waren arm und hatten kaum die Chance, je etwas anderes zu sein als arme Leute. So ging nach einiger

Zeit der Wein aus. Die Folge pflegt dann die zu sein, daß die Gäste, wenn es nichts mehr zu trinken gibt, sich allmählich verlaufen und das Ganze ein wenig trübe ausgeht.

Was dann geschah, habe ich in der Form eines Gleichnisses erzählt. Ich habe dabei nicht behauptet, Jesus habe das Wasser in den Krügen in Wein umgezaubert, sondern, als sie anfingen zu schöpfen, hätten sie nicht Wasser, sondern Wein geschöpft. Aber das geschah mehr in den Menschen als in den Krügen.

Als Jesus sah, daß der Wein ausging, setzte er sich in die Runde und sprach mit den Festgästen. Er redete von der Sorglosigkeit, mit der die Brautleute ihren Weg beginnen sollten; redete von der Hochzeit als einem Gleichnis für ein Leben, das aus der Fülle schöpfen könne; redete von der Zukunft, die uns Menschen nach unserem Tode erwartet, und faßte sie in das Gleichnis einer Hochzeit: der Hochzeit Gottes mit den Menschen. Und das Fest wurde wieder schön und fröhlich. Ich weiß nicht, woher sie danach wieder Wein hatten. Vielleicht haben einige Wein von zu Hause geholt. Vielleicht kam eine Stimmung auf, als hätte es an Wein nie gefehlt, so daß sie sagten: Wir waren danach so fröhlich, als hätten wir eine Menge Wein getrunken. Ich weiß es wirklich nicht. Ich weiß nur, was dabei in mir geschah.

Ich sah den Mann, der mitten unter uns saß und zu uns redete. Und ich sah, hinter ihm sozusagen, den Gott, von dem unsere Väter gesprochen haben und zu dem auch wir noch immer zu beten gewohnt waren, den gütigen Gott, den Gott mit dem großen Herzen. Es ging etwas von ihm aus, das unsere Väter die »Herrlichkeit« genannt haben, das Licht Gottes, der Glanz, die Kraft, die schaffende, festliche Energie Gottes.

Wenn es irgendwo eine Antwort gibt, so durchfuhr es mich, dann hier. Wenn irgendwo jemand ist, der mir den Sinn und den Auftrag meines Lebens zeigen kann, dann hier. Die eigentliche Wandlung geschah nicht mit dem Wasser, sondern an mir. Mir war, als komme Gott selbst auf mich zu und feiere mit mir ein Fest.

All die Fragen, die mich gequält hatten, all die Ratlosigkeiten, die immer wieder in mir Platz griffen, und die kleine Hoffnung, es könne vielleicht doch noch mit der alten Frömmigkeit gelingen, ein Mensch zu sein nach Gottes Willen, alles, was zugleich Tod und Leben in mir war, Leben und Tod, mußte verwandelt werden.

Aber gibt es das, die Wandlung eines Menschen, die Veränderung, die alles neu durchformt? Ich habe es jedenfalls so erlebt. Es war eigentlich weniger eine Änderung, die in mir geschah, sondern eher eine Erweiterung. Eine Dehnung meiner Seele, ein Ausgreifen in Räume, die ich bis dahin kaum gekannt habe. Ich erlebte, wie ich eins wurde mit all den Menschen um mich her, die mich eigentlich gar nichts angingen. Wie die Worte des Jesus von Nazareth mich aus meiner Enge befreiten. Wie er Schranken öffnete, die bis dahin fest verschlossen waren, oder wie du es sagen willst. Ich erlebte, daß ich nicht der unwichtige Fischer war, der entbehrliche Mensch, auf den es nicht ankam, sondern ein geliebtes Gegenüber Gottes oder, wie Jesus sagte, ein Kind.

Mehr noch: Ich erlebte, daß Gott auch in mir war, mich mit Licht ausfüllte bis in die letzten dunklen Kammern meiner Seele. Ich erlebte, vielleicht zum ersten Mal, wie sinnvoll, wie schön, wie lebendig, wie festlich das Leben war. Es war seither nicht immer so, aber damals war es so und noch einige Male später. Wenn man das einmal erlebt hat, dann hat sich alles geändert, dann versöhnt man sich auch mit dem Niedrigen, Schwierigen und Rätselhaften und sieht durch alles hindurch auf das Ziel, auf das alles zuläuft und das Jesus in seinen Reden über die Hochzeit angedeutet hat: die Heimkehr in das große Haus des Vaters. Dadurch wurden dann auch die kleinen Häuser, in denen wir hier unser Leben zubringen, zu Häusern des Vaters, im Grunde zu dem einen großen Haus, auch wenn sie erfüllt sind von Elend und von rätselhaften Schicksalen.

Im Grunde habe ich damals das erlebt, was Jesus später von sich gesagt hat, als er einmal von der Tür sprach, die er selbst sei. Er hat mir die Tür aufgestoßen, vor der ich ratlos gestanden habe, und hat mich in weite Räume geführt, in denen der Blick frei und viel Licht war.

Bei alledem blieb für mich die Grundfrage: Woher kommt dieser Jesus? In meiner Geschichte habe ich es angedeutet. Da wird von dem Speisemeister gesagt, er habe nicht gewußt, woher der Wein kam. Wer war denn der Wein? War das nicht Jesus selbst? Natürlich wußten die Leute, daß Jesus aus Nazareth stammte, aber woher seine Botschaft eigentlich kam, das wußten sie nicht. Daß er aus dem Herzen Gottes kam, das war ihnen verborgen. Daß die Liebe Gottes in ihm Gestalt wurde, das wußten sie nicht. Mir jedoch, der damals von diesem »Wein« schöpfte, war plötzlich klar, woher dieser Mann kam. Ich hätte es ihnen allen sagen können, aber ich war zu sehr überwältigt von jenem großen Geschehen, das er in mir selbst angestoßen hatte.

Für mich liegt alles in dem Bild vom Fest: Wir werden an ein Haus kommen und durch eine offene Tür eintreten. Es wird uns einer entgegenkommen und sagen: Kommt! Es ist alles bereit. Dann wird die heilige Hochzeit sein, das festliche Mahl, das Himmel und Erde, Gott und die Menschen, und alle Geschöpfe dieser Welt mit uns zusammen zu seinem Reich verbindet. Wir werden sehen und staunen, wie sich unsere Fragen und unsere Rätsel vor unseren Augen lösen. Darauf verlasse ich mich.

Nachdem Johannes so erzählt hatte, fiel mir eine Weile später Rainer Maria Rilke ein, der einmal geschrieben hat:

»Wer seines Lebens Widersinne
versöhnt und dankbar in ein Sinnbild faßt,
der drängt

die Lärmenden aus dem Palast,
wird anders festlich,
und du bist der Gast,
den er an sanften Abenden empfängt.«

Wir, die Spätgeborenen, die so lange brauchen, um den Sinn solcher Geschichten wie die der Hochzeit zu Kana zu ergründen, wir brauchen lange innere Wege, um so »anders festlich« zu werden, wie Jesus es uns eröffnen will. Wenn wir weiterkommen wollen, müssen wir mitgehen. Dabei wird uns auch aufgehen, was zuinnerst in dieser Geschichte verborgen liegt: das Wort Jesu, er sei »der Weinstock« und es komme darauf an, »an ihm zu bleiben wie eine Rebe, die nur Frucht bringt, wenn sie am Weinstock festgewachsen bleibt«. Die Geschichte von der Hochzeit zu Kana ist nicht das Ganze. Sie ist nur eines der sieben »Zeichen«. Unser Weg geht weiter.

II

Ein Wort ernst nehmen: Heilung eines Kindes

Danach wanderte Jesus wieder nach Galiläa, nach Kana. Da lebte in Kapharnaum ein Mann, der im Dienst des Königs stand und dessen Sohn krank lag. Als der hörte, daß Jesus wieder nach Galiläa gekommen war, ging er zu ihm und bat ihn: Komm herab und heile meinen Sohn! Er liegt im Sterben.

Jesus gab zur Antwort: Wenn ihr nicht Zeichen und Wunder seht, könnt ihr nicht glauben. Aber der Mann wiederholte: Herr, komm herab, bevor mein Kind stirbt. Und Jesus erwiderte: Geh! Dein Sohn lebt.

Der Mann glaubte dem Wort, das Jesus gesagt hatte, und ging. Schon während er hinabging, kamen ihm seine Knechte entgegen: Dein Sohn lebt! Da erkundigte er sich bei ihnen nach der Stunde, in der es besser mit ihm geworden war, und sie sagten: Gestern um die siebte Stunde verließ ihn das Fieber! Da verstand der Vater, daß das die Stunde war, in der Jesus zu ihm gesagt hatte: Dein Sohn lebt! Und er glaubte und mit ihm sein ganzes Haus.

Das war das zweite Zeichen, und Jesus gab es, als er aus Judäa nach Galiläa kam.« (Johannes 4,46–54)

Es gehört zu den besonderen Merkmalen der Erzählungen des Johannes, daß er Vorkommnisse, die bei den anderen Evangelisten einigermaßen begreiflich bleiben, überhöht, verstärkt und gelegentlich bis ins Unglaubliche anhebt. Markus erzählt zum Beispiel von der Tochter des Jairus. In seinem Bericht geht Jesus ins Haus der kleinen Kranken, obwohl fast kein Durchkommen ist der vielen Menschen wegen, faßt sie an der Hand und richtet sie auf. Solche Leistungen kann man auch von Heilern und Schamanen hören, und wir wissen heute, daß solche Dinge wirklich geschehen. Bei Johannes fällt diese Nähe weg. Ein Wort aus der Ferne genügt. Es hat zu genügen. Denn der Sinn ist nicht nur die Heilung des todkranken Sohnes, sondern vor allem auch die Wandlung, die im Vater geschehen soll.

Jesus weilt zu der Stunde in Kana. Von dort nach Kapharnaum sind es rund zwanzig Kilometer, vom galiläischen Hochland hinab an den See. Aber das macht die Sache noch unwirklicher. Der Mann hat also, nachdem Jesus zu ihm gesagt hatte: »Geh! Dein Sohn lebt«, rund vier Stunden zu gehen. Wenn Jesus sein Wort »um die siebte Stunde« gesagt hat, also um ein Uhr mittags, dann müßte der Mann am späten Nachmittag zu Hause gewesen sein, selbst wenn er weder Pferd noch Esel bei sich gehabt hätte. Ihm begegnen aber seine Knechte erst am folgenden Tag irgendwo auf dem halben Weg. Was war in der Zwischenzeit? Wo hat er sich aufgehalten? Gab es etwas, das dringlicher war als zu Hause zu sein und zu sehen, ob das Kind lebte? Was soll mit dieser Verzögerung von einem Tag ausgesagt sein?

Bemerkenswert der Vater. Am Ende heißt es: »Er glaubte mit seinem ganzen Haus.« Vorher, als er noch allein vor Jesus stand, heißt es: »Er glaubte dem Wort, das Jesus zu ihm sagte.« Zuvor hatte Jesus gesagt: »Wenn ihr nicht Zeichen und Wunder seht, könnt ihr nicht glauben.« Der Mann konnte es. Unbeirrt trägt er Jesus nach dessen abweisender Bemerkung noch einmal dieselbe Bitte vor. Danach geht er auf seinen Heimweg, als ein Bringer sozusagen des Worts, das Jesus zu ihm gesagt hat. »Das Kind lebt.« Und von seinen Knechten empfängt er die Bestätigung: Es lebt. Im Grunde ist der Mann, von dem sonst nirgends etwas berichtet wird, ein Apostel, einer, der unterwegs ist mit nichts anderem als mit einem Wort, das ihn erfüllt.

Zuerst bittet er höflich und formell: »Komm herab, heile meinen Sohn! Er liegt im Sterben.« Danach, als er die Abweisung spürt, die in der Antwort Jesu liegt, faßt ihn die ganze Verzweiflung, und er setzt alles auf eine Karte: »Komm, ehe mein Kind stirbt!« Das ist ein Notschrei, in dem ein Glaube sich ausdrückt, der auf dem Boden der Verzweiflung wuchs und der die Abweisung Jesu widerlegt. Ich glaube doch! Was willst du mehr? Komm und hilf! Es geht doch nicht um meinen inneren Zustand, ob ich glaube oder nicht! Es geht doch um mein Kind! Am Ende aber geht es um ihn selbst, um sein Kind und um seine ganze Familie, sein Haus, zu dem wohl auch allerlei Verwandte und vor allem Knechte gehören.

Vielleicht liegt noch mehr darin. Der Vater bittet und weiß: Ich muß mich dem fügen, was Jesus tut. Ich muß mich seinem Willen, seiner Entscheidung unterwerfen. Er weiß: Ich muß es annehmen, auch wenn mein Kind stirbt. Er legt Leben und Tod seines Kindes in die Hände Jesu –, und in diesem Augenblick kehrt, im fernen Kapharnaum, das Kind ins Leben zurück. Vielleicht zeigt sich uns später der Zusammenhang.

Das Hauptstichwort ist »Glauben«. Und an diesem Glauben wird gezweifelt. Dieser Glaube erscheint in mehreren Varianten, als bloßer Wunderglaube, von dem Jesus nichts hält, über den Glauben des Mannes, der wie ein Sprung über einen Abgrund anmutet, bis hin zu dem Glauben, den danach sein ganzes Haus mit ihm teilt: den Glauben an den Offenbarer Gottes, Jesus. Wahrscheinlich ist in jedem Glaubenswagnis immer auch der Unglaube und die Angst anwesend, wie ja der Zweifel immer ein Teil des Glaubens sein wird, solange wir in dieser Welt sind.

Wir fangen noch einmal an, an einem anderen Ende. Wie heilt man heute? Und was halten wir heute von geistigen Kräften bei einer Heilung?

Wir Christen haben die Welt der Krankheiten dreigeteilt. Körperliche Krankheiten überlassen wir den

Ärzten, seelische den Psychologen, geistige den Psychiatern. Der Glaube hat nach landläufiger Auffassung mit der Krankheit nur insoweit zu tun, als er hilft, das Leiden anzunehmen. Im übrigen verlassen wir uns auf die Ärzte. Dabei wird die christliche Ergebung leicht mit Resignation verwechselt. Gott kommt ins Spiel, wenn nichts mehr zu retten ist, wenn die Krankheit auf den Tod zuführt.

Es gibt aber, gerade in unserem Jahrhundert, wieder starke Bewegungen in der Christenheit, die ganz anders denken und handeln. Mit Recht. In charismatischen Gemeinden wird die Krankheit als Herausforderung an den Geist Gottes – an eine lebendige, lebenschaffende Kraft – verstanden. Man resigniert nicht vor der Krankheit, auch nicht in Form der Ergebenheit in Gottes Willen. Man bringt den Kranken in die Gemeinde, in einen Heilungsgottesdienst. Man ruft den Geist Gottes an und erbittet die Heilung. Der Kranke steht im Mittelpunkt des Tuns der ganzen Gemeinde. Diese Zuwendung der ganzen Kraft und Aufmerksamkeit der Gemeinschaft für einen einzelnen Kranken macht das geistliche Klima des charismatischen Tuns aus. Hat Jesus nicht gesagt, als er seine Jünger aussandte: »Macht die Kranken gesund, heilt die Aussätzigen, macht die Toten lebendig«? Wenn wir heute eine weit verbreitete Medizin haben, die von Geist oder Seele nichts und alles von Apparaten, Operationen und chemischen Eingriffen erwartet, dann ist in der Tat der Glaubende dazu aufgerufen, den Glauben an den Geist Gottes, sofern er ihn für eine schöpferische

Kraft hält, ins Spiel zu bringen. Denn der Glaube ist nur wirklicher Glaube, wenn er auch im Angesicht des Todes noch von Gott Leben und Heil erwartet und ihm der enge Zusammenhang zwischen Seele und Leib selbstverständlich ist.

Die Schwierigkeit, die in solchen charismatischen Heilungsgottesdiensten droht, ist, daß allzu leicht angenommen wird, der Geist Gottes werde auf alle Fälle kommen, um den Kranken zu heilen. Kommt er nicht, so greift die Verlegenheit Platz oder müssen künstlich Gründe gesucht werden, warum er nicht kam. Aber der Geist Gottes ist nicht der Diener unseres Willens. Er bleibt souverän. Die Ergebung in Gottes Willen ist ebensowenig falsch wie die zuversichtliche Bitte um Heilung. Einmal bleibt für jeden Menschen die Heilung aus. Der Tod muß bestanden werden. Der Glaube muß annehmen, daß sein Thema nicht nur die Heilung ist, sondern auch das Verbleiben in der Zone von Schmerzen, Ängsten, Zweifeln und Dunkelheiten. Leid und Krankheit können auch und gerade die Zone sein, in der ein Mensch von Gott gemeint und angeredet ist und in der er seine spirituelle Aufgabe findet: die Heilung nicht seines Leibes, sondern seiner Seele.

Wenn etwas Heilendes in einen Menschen eindringen soll, wird es in aller Regel den Weg über das Ohr gehen müssen. Auch ein Bild, ein Symbol kann heilende Kraft haben, auch die Umarmung, die ein Kranker erlebt, kann helfen und trösten. In erster Linie aber wird etwas gesagt werden müssen, das über das Ohr eingeht, und immer wird der liebende

Mensch ebenso wie der leidende nach dem Wort verlangen, das ihn meint. So ist es für den, der zur Heilung helfen will, wichtiger, Herzen zu erhören als sie zu durchschauen und dann ihnen zuzusprechen, wessen sie bedürfen.

Es scheint mir sehr angemessen, wie der französische Arzt Larrey die Bescheidenheit des ärztlichen Tuns beschreibt mit seinem berühmt gewordenen Wort: »Manchmal heilen. Oft lindern. Immer trösten.« Darin liegt etwas tief Humanes, und solches Maß darf gerade auch für den christlichen Arzt gelten.

Denn beides bleibt bestehen: der Sinn der Heilung und der Sinn der Krankheit. Auch der Sinn der Trauer, die einsetzen würde, wenn der Vater in unserer Geschichte nicht einen geheilten, sondern einen toten Sohn anträfe. Die Frage bleibt immer: Kannst du auch dann glauben?

Was heißt Glauben? Und was hat Glaube mit Heilung zu tun? Es scheint mir bedeutsam, daß es bei Jesus kein Gesetz gibt, das etwa den Glauben des Kranken zur Vorbedingung seines heilenden Tuns machte. Was hat Jesus unter »Glauben« verstanden? Als er später dem Kranken am Teich Betesda begegnet, fragt er ihn nicht: »Glaubst du, daß ich dich heilen kann?«, sondern: »Willst du gesund werden?« Und als der Mann nicht einmal darauf eine klare Antwort gibt, sagt ihm Jesus: »Nimm deine Matte und geh!« Als er jenem Blinden begegnet, von dem noch die Rede sein wird, fragt er ihn nicht: »Glaubst du?«, sondern greift ein, ohne den Mann auch nur zu fragen, ob er sehend werden wolle. In anderen Geschichten merkt ein Kranker, daß Jesus ihn geheilt hat, und sagt seinen Dank. Was Glauben ist, weiß er nicht. Da sagt Jesus zu ihm: »Dein Glaube hat dir geholfen.« Er pflanzt also das schüchterne Pflänzchen »Glaube« erst dadurch ein, daß er sagt: »dein Glaube«. In einer anderen Erzählung kommt eine Frau aus einem fremden Land, die gehört hat, Jesus könne zaubern. Von Jesus und seinem Auftrag weiß sie nichts. Da sagt Jesus: »Frau, dein Glaube ist groß.« Oder es kommt eine stadtbekannte Dirne und zeigt ihm ihre Liebe und Dankbarkeit. Wie man auf eine bessere Weise durchs Leben kommt, weiß sie nicht. Und Jesus sagt zu ihr: »Dein Glaube hat dir geholfen.« Schließlich kommt ein römischer Offizier, der Jesus für einen der vielen umherwandernden Dämonenbeschwörer hält, und Jesus sagt ihm: »Solchen Glauben habe ich in Israel nicht gefunden.«

Glauben heißt bei Jesus nicht, ein Glaubensbekenntnis mitsprechen zu können. Es heißt nicht, sich unter Gott das Richtige vorstellen. Es heißt, sein Zutrauen auf einen Punkt setzen. Es heißt, ihm sein Leben und seine Zukunft anvertrauen. Es heißt, sich dem öffnen, was Jesus tun will. Das aber ist uns modernen Menschen in der Seele fremd, so fremd, daß ich mich frage, wie wir eigentlich in unserer Welt und Gesellschaft noch verstehen sollen, was und wer Jesus eigentlich gewesen sei.

Im Grunde müssen wir von allen Voraussetzungen unseres heutigen Denkens abspringen, um überhaupt an einen Platz zu kommen, an dem Jesus zu sehen ist.

Da glaubt eine ganze Gesellschaft mit voller Überzeugung, es gelte abzustreifen, was »nur geglaubt« wird. Sie glaubt, es könne nur Wahrheit sein, was man weiß und was man beweisen kann. Sie glaubt, Wahrheit sei das, was der Mensch herstellt. Der Mensch aber empfange seinen Wert aus seiner Leistung. Sie nennt sich Leistungsgesellschaft und hält das für einen Ehrentitel. Im Grunde betrügt sich die ganze Christenheit unseres Landes und anderer Länder, wenn sie von der seltsamen Meinung ausgeht, sie müsse sich von den Prinzipien der Leistung und des sogenannten Realismus aus verstehen und sich zugleich als christlich bezeichnen. Wir müssen einmal, und wenn nötig mit einem Schock, verstanden haben, daß Jesus in diese Landschaft nicht paßt und wir, wenn wir heute versuchen, Christen zu sein, etwas fast Aussichtsloses unternehmen. Wir müssen, davon hängt alles ab, wieder anfangen, auf die leise Stimme des Mannes aus Galiläa zu hören, die uns so fremd geworden ist – so fremd, weil wir sie unseren Meinungen fast ununterscheidbar angeglichen haben.

Was sagt Jesus? Er sagt: Fang an, etwas Leises und Fernes zu hören. Schließe dich auf, wenn eine Anrede an dich von sehr weit herkommt. Löse dich aus deinem Wünschen und Planen, deinem Leisten und Werken und Sichsorgen. Wie solltest du anders je verstehen, wenn ich sage: Dein Glaube ist es, der dich frei macht? Wie solltest du anders verstehen, was es heißt, daß alles, was in deinem Leben wichtig ist, aus der Gnade kommt, als Geschenk, als leises Wort? Wie solltest du anders den Sinn finden, der in dein Leben gelegt ist, und wie solltest du anders glücklich sein können? Auf die Dauer glücklich?

Franz Kafka hat einmal gesagt: »Es ist gut denkbar, daß die Herrlichkeit des Lebens um jeden und immer in ihrer ganzen Fülle bereitliegt, aber verhängt, in der Tiefe, unsichtbar, sehr weit. Aber sie liegt dort, nicht feindselig, nicht widerwillig, nicht taub. Ruft man sie mit dem richtigen Wort beim richtigen Namen, dann kommt sie.« Für Christen ist der Name, mit dem sie verbunden ist, der Name Jesus Christus.

Als ich soweit war mit meinen Überlegungen, fiel mir wieder ein, daß Johannes gesagt hatte, diese Geschichten seien – über ihren vordergründigen Inhalt und Sinn hinaus – autobiographische Schilderungen. Sie stünden für das, was in ihm, Johannes, geschehen sei. So versuchte ich wieder, die Stimme des Johannes zu hören. Ich hörte sie etwa so:

Du fragst nach der Bedeutung, die meine Erzählung für mich gehabt hat, für meine innere Geschichte, die sich in mir selbst abgespielt hat? Das ist nicht ganz einfach zu berichten. Aber vielleicht geht es.

Für mich war nicht Gott das Problem, sondern Jesus. Gott, das war für mich ganz selbstverständlich der Gott meiner Väter, dessen Wort wir in den Synagogen hörten und in den heiligen Schriften lasen, die Grundlage für das gemeinsame Leben in unserem Dorf und in unserem Volk. Daß es Gott nicht gebe, das ist euer Thema. Euer Glaube an das, was man sieht, was man messen und zählen und benutzen kann, wäre für uns undenkbar gewesen. Insofern ist meine Situation von damals nicht die eure von heute. Es ist ja kaum zu glauben, wieviel einer in eurer Epoche glauben muß, um sagen zu können: »Ich glaube nichts.« Er muß sozusagen an sich selbst glauben können, an seinen geistigen Durchblick, an seine Wissenschaft, an seine ganze Kultur, an den europäischen oder amerikanischen way of life, und er muß die Augen schließen vor allem, was diesen Glauben stört.

Noch etwas anderes war für mich unvergleichbar mit eurer Zeit. Bei uns hätte niemand gesagt: »Das mit den wunderbaren Heilungen, die durch Jesus geschehen sind, ist Unsinn, Propaganda, Märchen, Erfindung.« Wir wußten mehr als ihr über die geheimnisvollen Verbindungen zwischen Seele und Leib eines Menschen. Wir wußten mehr über geistige Kräfte, die sich in der Schöpfung auswirken, zum Bösen oder zum Guten. Wir wußten mehr über die geringe Kraft, mit der wir Menschen dem großen Ganzen, dem All, der Schöpfung gegenüberstehen, und über unsere Sterblichkeit. Für uns waren die Kräfte des Geistes nicht die Produzenten einer sonnigen Welt, in der es den Menschen endgültig gut geht. Sie leisteten vielmehr die um des Lebens willen notwendigen rettenden Eingriffe in das Unheil. Wenn ich freilich recht sehe, treten gerade in eurer Zeit immer mehr Menschen auf, die von solchen Kräften wissen. Im Grunde erlebt eure sogenannte Wissenschaft in euren Tagen eine Umorientierung. Vielleicht habt ihr es nur noch nicht gemerkt. Da wird plötzlich davon geredet, die Materie sei nicht als materiell zu verstehen, sondern als ein großes Energiefeld. In dieses Energiefeld seien die natürlichen Kräfte ebenso hineinverwoben wie die Kräfte der Seele und des Geistes und die Kräfte, die Geist und Seele des Menschen übersteigen. Da redet man plötzlich davon, alles sei mit allem verbunden zu einem großen Netzwerk. Und das sind nicht die Leute, die ihr »Spinner« nennt, sondern die Spitzen des Fortschritts, der in eurer Wissenschaft zur Zeit geschieht. Da kündigt sich eine neue Epoche an. Da versteht man den Menschen nicht mehr als den großen Außenseiter, der die Natur aus vornehmer Distanz untersucht, kontrolliert und manipuliert, sondern als ein Schwingungsfeld in vielen anderen Schwingungsfeldern, mit allem verbunden. Man sagt heute bei euch: Nicht der Mensch unterscheidet sich von der Natur dadurch, daß er Bewußtsein hat, sondern die ganze Natur ist durchdrungen von einem großen Bewußtsein, dessen schmalen Ausschnitt wir das Bewußtsein des Menschen nennen. Achte darauf: Es könnte eine

Revolution daraus werden, an deren Ende ihr auch Geschichten wie die von Jesus wieder besser versteht.

Für mich war es nicht das Erstaunliche, daß Jesus Kranke geheilt hat. Das haben die Schamanen unter unseren Vorfahren und auch die Wundertäter meiner eigenen Zeit immer getan. Auch die Tatsache, daß manche darunter Betrüger waren, ändert nichts daran, daß es diese Kunst immer gegeben hat. Man ist an diesem Punkt auch bei euch, in eurer sogenannten Apparatemedizin, wieder vorsichtiger geworden. Nein, daß Jesus Menschen durch Handauflegung von allerlei körperlichen und seelischen Störungen und Krankheiten geheilt hat, durch Zuruf auch, durch allerlei Naturheilverfahren wie den Brei, den er dem Blinden von Siloah auf die Augen auftrug, sogar durch Fernwirkung wie in unserer Geschichte hier –, das ist mir auf keine Weise fraglich zu machen. Das Verständnis der Zusammenhänge, die da spielen, wird in eurer Zeit in den kommenden Jahren sehr wachsen.

Natürlich haben wir an den Dingen, die Jesus getan hat, das wenigste verstanden. Wie er das machte, das konnten wir uns auch nicht erklären. Das hätte uns auch nicht dazu bestimmen können, unsere Heimat zu verlassen und mit ihm umherzuziehen, also unser ganzes Leben auf diesen Mann zu setzen. Viel wichtiger war, was er gesagt hat. Und entscheidend war, daß wir erkannten: Dieser Mann kommt anderswoher als wir alle, auch als alle Wundertäter und Zauberkünstler unserer eigenen Umwelt. Dieser Mann kommt von Gott. Er spricht im Namen Gottes. Was er sagt, das geht uns so unmittelbar an wie alles, was von Gott her auf uns zukommt.

Als jener Mann in seiner Angst und Verzweiflung vor Jesus stand, haben wir alle mit ihm gezittert. Und wir waren alle wie erlöst, als wir am anderen Tag hörten, das Kind sei wirklich gesund. Aber der Gedanke an dieses Kind ging in mir weiter. Hatte Jesus nicht die Kinder zum Modell gemacht für einen reifen Menschen, und haben wir nicht alle den Kopf geschüttelt, als wir das zum ersten Mal hörten? »Dein Kind lebt«, hat er zu dem Mann aus Kapharnaum gesagt, als sage er: »Euer aller Kind in euch lebt! Das Kind in euch, das das Privileg hat, das Reich Gottes zu sehen.« Rund um diesen Gedanken von dem Kind, das wir alle werden sollten, gingen die Gedanken immer weiter, die uns Jesus einprägte.

Freund Paulus hat diesen Gedanken immer wieder umkreist, wenn er von dem neuen Menschen sprach, der wir werden sollen. Ich weiß natürlich, daß das alles Gleichnisse und Bilder sind. Niemand hat ein Kind in sich. Andererseits: Jeder hat ein vielleicht verdrängtes, vergessenes Kind in sich, das spielen will und dem wir erlauben sollen, das große Spiel um das Reich Gottes mitzuspielen. Wenn Jesus damals sagte: »Dein Kind lebt!«, ist mir das bis zum heutigen Tag tröstlich.

Was war es denn, das mich zwang, beim ersten Anruf des fremden Meisters aus Nazareth das Boot zu verlassen, dazu mein Dorf und meine Familie, um mich ihm anzuschließen? Es war doch ein bestimmtes Elend in mir selbst. Ich habe es schon angedeutet. Ich war damals sehr jung, kaum zwanzigjährig. Aber ich kam mir vor wie ein alter Mann. Alles war festgelegt. Das ganze Leben unserer Großeltern und Eltern, unser eigenes Leben und wohl schon das Leben der Kinder, die wir einmal haben würden. Man konnte mühelos voraussagen, was alles einen Jungen wie mich noch erwartete. Nichts Neues mehr. Nichts Großes. Das Übliche. Was Jesus damals sagte, als er in Kapharnaum mit den Menschen sprach, ging immer darum, daß irgendwie und irgendwann ein Neuanfang gemacht werden müsse, daß zu diesem Neuanfang jeder fähig sei und er auf ein Leben voller Hoffnung zugehe, ein Leben, in dem nicht das Übliche, sondern etwas Großes geschehen solle, und das am Ende nicht auf das Grab zulaufe, sondern auf das Reich Gottes, das Reich des Friedens und der Gerechtigkeit. Da sagte ich: »Das lohnt sich. Das hat Sinn. Das will ich versuchen.« Und ich ging mit. Ich bin ihm begegnet, dem Kind in mir, das sich noch freuen kann, dem noch etwas Neues einfällt, das staunen und vertrauen darf. Ich habe mein Leben damit zugebracht, im Gespräch mit ihm zu sein, damit mein äußerer Mensch, der inzwischen alt geworden ist, nicht verkümmert, hinsiecht, erstarrt und abstirbt. Diese Hoffnung auf das lebendige Leben war mir an der Erfahrung mit dem Vater jenes kranken Kindes wichtig.

Das habe ich damals verstanden: In dir ist der neue Mensch, der aus Gottes Hand und Plan hervorgeht und der so gedacht ist, wie Gott den Menschen ursprünglich gemeint hat, als Bild seiner selbst. Ähnlichkeit mit Gott, Zusammenhang, dichtes Verwobensein mit Gott, nicht nur mit mir selbst, das macht dieses Leben sinnvoll. Dann bist du nicht mehr nur das isolierte Einzelwesen, das eine Weile seinen Interessen nachgeht zwischen Geburt und Tod, sondern du bist allem, was ist, verbunden, lebst mit allem zusammen, pulsierst in allem und findest deinen letzten Sinn in deinem Einwohnen in Gott. Dann bist du nicht die entbehrliche Eintagsfliege, sondern bist gesehen und in diesem Wahrnehmen Gottes bewahrt und heimgeholt. So muß man es wohl sagen. Die Lebensaufgabe, die du erfüllen kannst, ist dann die, zu lieben. Du hast so viel Stand und Gewißheit in dir, daß du dich nicht durchzusetzen brauchst, sondern lieben kannst. Du kannst glauben, daß Gott dich liebt und es seine Liebe ist, die die ganze Welt zusammenhält. Denn diese Liebe umfaßt das Kind in dir und auch den alten Menschen zugleich. Du wirst ein freier Mensch und findest die große Kraft, dieses Leben zu bestehen.

Ich jedenfalls habe in ihm die Wahrheit gefunden nicht nur über das Leben allgemein, sondern auch über Gott und über mich selbst und auch über den dichten Zusammenhang zwischen ihm und der Welt und mir selbst. Das Kind in mir kam zum

Leben, es wuchs inzwischen und ist erwachsen. Wenn ich einmal gestorben sein werde, wird es ins Leben finden.

Ich bin der Weg«, sagt Jesus. Das heißt: ein Weg zunehmender Genauigkeit und Richtungsgewißheit. »Ich bin die Wahrheit.« Das heißt: Er ist der Weg in ein immer klareres Bild von Gott. Wir werden Gott ähnlicher werden dabei, denn wir werden ihn schauen. Wir überschreiten in Christus uns selbst. Wir überschreiten alles, was war, und gehen der Wahrheit entgegen, wie wir einen vergangenen Tag überschreiten und einem neuen Tag entgegengehen. Zuletzt sagt er: »Ich bin das Leben.« Da sollen wir nicht darüber räsonieren, ob es vielleicht für einen Moslem oder Hindu andere Wege gebe. Das sollen wir Gott überlassen, das ist nicht das Thema, das uns angeht. Uns geht an, was Christus uns sagt. Und er sagt: »Geh diesen Weg, statt über das Gehen zu reden. Schau die Wahrheit, statt sie zu behaupten. Wandle dich in das lebendige Bild Gottes und lebe.«

»Ich bin der Weg«, sagt Jesus. Der Weg ist schon selbst das Ziel, und das Ziel ist der Weg. Er führt nicht über die Schritte, die du durch den Dschungel deines Lebens suchst, sondern über die Schritte, die Gott mit dir geht.

»Ich bin die Wahrheit«, sagt er. Wahrheit ist nicht die Frucht von Forschung und Prüfung. Religionen und Lebensweisheiten sind nicht die Wahrheit. Sie sind Vorübungen. Wahrheit ist der freie Blick auf den gegenwärtigen Gott. Wahrheit ist die Durchsichtigkeit aller Dinge vor dem Hintergrund »Gott«.

»Ich bin das Leben.« Leben ist nicht, was du davon hast. Auch nicht, was später folgen soll, wenn das verdorbene Leben auf dieser Erde weggeworfen ist. Das Leben ist eins. Jetzt und später. Es ist Leben, wenn es in Gott ist. Es ist Tod, wenn es außer ihm bleibt.

Du hast vorhin gefragt, warum der Mann für den kurzen Weg so lange gebraucht habe. Es war mein Weg. Der war nicht kurz und rasch zu gehen. Er war Jahre lang. Und das wollte ich sagen, mit der Verzögerung, die du angemahnt hast.

Seither ist in der Tat viel in mir gewachsen. Heute bin ich ein alter Mann und sage: »Liebt euch untereinander. Das ist das ganze Evangelium. Das ist das einzige, auf das es ankommt.« Jesus selbst ist manchmal weit weg. Gott nicht. Gott ist die selbstverständliche Gegenwart, in der ich lebe. Es tröstet mich, daß Jesus damals nicht mit dem Mann nach Kapharnaum hinabgegangen ist, sondern aus der Ferne, aus dem Abstand von zwanzig Kilometern jenes Kind geheilt hat. Christus geht nicht immer mit. Oft bleibt die Ferne schmerzhaft erhalten. Aber das Kind lebt. Unser Glaube greift in die Ferne, in der Jesus Christus ist, und nimmt, was er gibt, aus der Ferne auf. Er hört auf das heilende Wort, das ihn aus der Ferne trifft, und vertraut sich dem weiten Raum an, aus dem ihn eine Ahnung anrührt oder ein Wissen oder ein glückliches Empfinden einer heilenden Kraft. Wenn du willst, daß Ähnliches in dir geschieht, dann lies meine Geschichte so, wie ich sie dir jetzt erzählt habe. Der Segen und die Liebe des Christus mögen mit dir sein.

Ich denke mir, daß Johannes dies mit seiner Geschichte gemeint hat. Es war natürlich meine Weise, die Stimme jenes Jüngers Jesu zu hören. Andere hören ihn vielleicht anders. Aber so ist das, wenn ein Abstand von zweitausend Jahren überbrückt werden soll. Da nehmen Geschichten auf ihrer Reise durch die Zeit auch Gedanken auf, die inzwischen gedacht worden sind auf dem langen Weg der Menschheit. Auch unsre eigenen. Und das hat den Sinn, daß sie nicht in ihrer Ferne liegenbleiben, sondern ihren Weg zu uns finden, zu uns heutigen Menschen.

III

Aufstehen: Der Kranke am Teich

Johannes erzählt weiter: »In Jerusalem fand ein Fest statt, und Jesus wanderte dorthin. In Jerusalem aber war nahe dem Schaftor ein großes Wasserbecken (das aus zwei viereckigen Teichen bestand), um das fünf Säulenhallen gebaut waren. Die Anlage hieß Betesda. Man kann es mit ›Haus der Barmherzigkeit‹ übersetzen.

In einer der Hallen lagen viele Kranke, Blinde, Gelähmte, Ausgezehrte. Dort war auch ein Mann, der seit achtunddreißig Jahren in seiner Schwäche dagelegen hatte. Als Jesus ihn liegen sah und hörte, daß er schon so lange krank war, sprach er ihn an: Willst du gesund werden? Der Kranke antwortete: Herr, ich habe keinen Menschen, der mir ins Wasser helfen würde, wenn es in Wallung gerät. Ehe ich dort bin, ist immer schon ein anderer hineingestiegen. Da sagte Jesus zu ihm: Steh auf, nimm dein Lager in die Hand und geh. Sogleich wurde der Mann gesund, hob sein Lager auf und ging umher.

Es war aber Sabbat an jenem Tag. Da sagten die Juden zu dem Geheilten: Es ist Sabbat, du darfst dein Bett nicht tragen! Er antwortete: Der Mann, der mich gesund gemacht hat, sagte: Nimm dein Lager und geh! Sie fragten ihn: Wer ist der Mensch, der das gesagt hat? Der Geheilte wußte es aber nicht. Jesus hatte sich nämlich in der Menge entfernt.

Danach traf Jesus ihn im Tempel und sprach ihn an: Sieh zu! Du bist gesund geworden. Sündige nicht mehr, damit dir nicht etwas noch Schlimmeres widerfährt!

In dem Streitgespräch, das sich danach zwischen Jesus und einigen Leuten von Jerusalem abspielte, in dem es darum ging, ob Jesus am Sabbat hätte heilen, das heißt arbeiten dürfen, sagte Jesus:

Mein Vater wirkt (auch am Sabbat), und ich wirke auch. Ich kann nichts von mir aus tun oder unterlassen, ich muß zuvor immer erst sehen, was der Vater tut. Und wie der Vater die Toten erweckt und sie lebendig macht, so bringe ich die Menschen zum Leben.« (Johannes 5,1–18)

Knapp außerhalb der Mauern von Jerusalem, gegen Nordosten hin, am heutigen Löwentor, lag ein Krankenhaus. Elegante Hallen, schmal um zwei Wasserbecken herumgebaut. Die Becken maßen je ungefähr 50 m in der Länge und in der Breite. Auf der Trennmauer zwischen beiden stand eine Halle, um die gemeinsamen vier Seiten vier Hallen. Früher war dort ein einfacher, natürlicher Teich gewesen, der Schafteich. Herodes, der König, der damals Jerusalem mit seinen mächtigen Bauten in eine repräsentative Hauptstadt umgestaltete, hatte eine großzügige und schöne Anlage daraus gemacht, eine

Klinik eben. Und so, wie beschrieben, hat man den Teich Betesda in unseren Jahren ausgegraben. Acht Meter waren die Wasserbecken ausgeschachtet, tief in den Fels hinab. Unten floß eine Quelle, die die Eigenart hatte, nicht regelmäßig zu fließen. Das ist nichts Besonderes. Eine andere Quelle in Jerusalem floß ebenfalls, wie man heute sagt, »intermittierend«: die Siloahquelle. In der Regenzeit sprudelte sie dreimal am Tag, im Sommer zweimal, im Herbst einmal. Wenn in Betesda die Quelle aufquoll, geriet das Wasser in Wallung. »Das macht ein Engel!« sagten die Leute. »Wer dann als erster ins Wasser steigt, wird gesund!« Und so warteten sie auf das Wunder, zu Hunderten, wie sie in jenen Hallen saßen oder lagen.

Mit den vielen Angehörigen, die täglich ihre Kranken besuchten und versorgten, kam eines Tages auch Jesus in diese Hallen. Irgend jemand machte ihn auf einen Mann aufmerksam, der seit achtunddreißig Jahren dagelegen habe, gelähmt vermutlich. Der sah das Wasser vor sich und wußte: Wenn ich ein einziges Mal rechtzeitig ins Wasser komme, bin ich gesund. Aber immer waren andere schneller. In achtunddreißig Jahren des Wartens und der Enttäuschungen bleibt von Zuversicht und Lebenswillen nicht viel übrig. So fragte ihn Jesus: »Willst du gesund werden?« Und wir hören den Unterton: Willst du es überhaupt noch oder hast du dich in deiner Krankheit inzwischen eingerichtet? Der Kranke antwortete freilich nicht mit einem Ja oder Nein, sondern mit einer Klage: »Ich habe keinen Menschen, der mich ins Wasser bringt, wenn es sich bewegt. Immer steigt ein anderer vor mir hinein.« Da faßte ihn Jesus ins Auge: »Steh auf! Nimm dein Lager und geh!« Und der Mann stand auf, nahm seine Matte und ging. Es ging alles so schnell, daß er nicht einmal fragen konnte, wer der sei, der ihn so angeredet hatte.

Danach folgte der Konflikt. Als er sein Lager durch die Straßen von Jerusalem trug, in denen er sich vermutlich kaum mehr zurechtfand, redeten ihn einige Leute an, warum er das tue. Er wisse doch, daß das an einem Sabbat nicht erlaubt sei. Aber er antwortete nur: »Der Mann, der mich geheilt hat, sagte: Nimm dein Bett und geh!« »Wer war das?« fragten sie. »Ich weiß es nicht«, antwortete der Mann mit der Matte. Später begegnete ihm Jesus im Tempel – dorthin gingen Kranke nach ihrer Heilung, um ein Dankopfer zu bringen – und sagte zu ihm: »Du bist gesund geworden. Richte nun dein Leben nach dem Willen Gottes, damit dir nicht etwas Schlimmeres widerfährt.« Was das sein konnte, wissen wir nicht. Der Mann wußte nun, wer der war, der ihn geheilt hatte, und berichtete es den Umstehenden. Die griffen Jesus an, weil er auf diese Weise die Ruhe des Sabbats verletzt hatte. Aber Jesus antwortete: »Mein Vater wirkt jeden Tag, auch am Sabbat, und ich wirke auch. Sabbatruhe mag bei euch einen guten Sinn haben. Für Gott und für das, was ich in seinem Namen tue, hat sie ihn nicht.«

Was war denn der Sinn des Sabbats? Die Leute ärgerten sich über Jesus, weil er mit seiner Störung der Sabbatruhe das Heil der ganzen Gemeinschaft, der Stadt und des Landes in Gefahr brachte. Nach uraltem Glauben war der Sabbat der Tag, an dem die bösen Mächte los waren, er war der Tag des Saturn, des gefährlichen, todbringenden Gestirns. Der Sabbat war ein Tabutag, an dem, was einer tat, nicht gelingen konnte. Wir sprechen bis heute von einem »Hexensabbat«. Erst sehr spät hat das jüdische Volk die andere Begründung geschaffen, die die Bibel überliefert: Gott habe am siebten Tag geruht, und darum habe auch der Mensch an diesem Tag von seiner Arbeit zu ruhen. Vermutlich aber war unter den Menschen zur Zeit Jesu noch immer die Angst vor den bösen Mächten das stärkere Motiv. So war Jesus, wenn er sie herausforderte, wirklich in Gefahr, von den Menschen umgebracht zu werden, mindestens angeklagt. Aber Jesus zieht das Thema ausdrücklich auf die andere Seite: Was tut denn Gott am Sabbat? Seht euch um! Er wirkt. Anders ginge kein Leben weiter. Ich selbst tue, was Gott tut, zum Heil und Wohl der Menschen.

Das Problem für uns Heutige liegt freilich anderswo. Nicht dort so sehr, wo nach dem Sinn eines Ruhetags gefragt wird, sondern dort, wo wir nach dem Sinn der Krankheit, des Leidens fragen. So möchte ich, ehe ich die Geschichte noch einmal lese, Gott meine Fragen stellen. Meine dringlichen

Fragen. Vielleicht werden sie zu einer Anklage. Ich sage also:

Ich weiß, Gott, daß du unendlich weise bist und ich nichts verstehe von deinen Gedanken. Ich bewundere dich um der großen und geheimnisvollen Welt willen, die du geschaffen hast mit all ihren Herrlichkeiten. Ich vermute, daß in allem eine Absicht liegt, die über meinen Horizont hinausreicht, daß ich also besser nicht rede. Aber ich muß es. Um der unendlichen Schmerzen willen, der Leiden, der Krankheiten, des langen und qualvollen Sterbens, die du so vielen deiner Geschöpfe verordnet hast, von der zertretenen Blume oder dem krebskranken Hund bis zu den Menschen in den Krankenhäusern und in den einsamen Betten. Wie eine Wolke steht der Schmerz über deiner Schöpfung, wie eine erbarmungslose Kälte und Lichtlosigkeit. Warum? Wozu alle die Sterbensängste, der Leidenswahnsinn in den endlosen Nächten? Ich kann verstehen, daß Schmerz einen Sinn hat – bis zu einem gewissen Grad. Aber der wahnsinnige, jahrelange, sinnlose Schmerz der Millionen, die sich krümmen unter dem Elend, das sie gefangen hält, unter dem zehn oder zwanzig Jahre lang währenden Sterben, unter den achtunddreißig Jahren am Teich Betesda! Achtunddreißig Jahre lang immer dieselbe Litanei: »Keiner hilft mir!« Achtunddreißig Jahre lang Klage, Hilflosigkeit, Schwäche, fortschreitende Starre und vielleicht immer zunehmende Schmerzen. Und dann kommt einer an und fragt: »Willst du gesund werden?«

In unseren modernen Krankenhäusern kann man den Schmerz betäuben, oft jedenfalls. Aber was ist mit all denen, die in irgendeiner Hütte am Rande der Welt an ihren Qualen zugrundegehen? Was ist mit dem Meer von stillem, resigniertem Heldentum des Erleidens, mit dem deine Geschöpfe und ja keineswegs nur die Menschen all dies tragen? Was ist mit all der Geduld und all der Verzweiflung? Ich vermute, es hat alles irgendwo und irgendwie einen Sinn. Für das Ganze deiner Schöpfung jedenfalls. Vielleicht nicht alles für die vielen einzelnen. Da sehe ich ihn nicht. Ich wollte das wenigstens gesagt haben. Bitte, vergiß das Problem nicht. Es macht zu viele deiner Kinder irre an dir, mit Recht.

Lassen wir das. Wir werden die Antwort nicht finden. Und wir sollen hier über ein Wunder nachdenken, über einen Ausnahmefall. Was ist der Punkt, an dem die Klage einsetzt? Der Kranke klagt nicht über seine Krankheit, sondern über seine Verlassenheit. Er sagt: »Ich habe keinen Menschen.« Kein Wunder. Wer kann aus einer Familie sich achtunddreißig Jahre lang freimachen, um irgendwann den Augenblick zu erleben, in dem man den Mann ins Wasser bringen kann?

Ich erinnere mich einer alten Frau, die zwar körperlich einigermaßen gesund war, aber aus ihrer Bibel, in der sie sich gut auskannte, immer nur diesen einen Satz herausholte: »Ich habe keinen Menschen.« Darin lag zunächst nicht einmal ein Vorwurf gegen die Menschen, die um sie her lebten und die sich zum Teil rührend um sie bemühten. Der Vorwurf ging gegen Gott, der ihr dieses Leben in Einsamkeit und Verlassenheit zumutete. Es war eine Krankheit der Seele und ein Leiden des Herzens, an denen sie litt. Ihr war damit so viel auferlegt, daß sie das Leben und den Gott, der es ihr auferlegte, haßte.

»Ich habe keinen Menschen«, das sagen Leute, die verheiratet sind, sagen Kinder im Elternhaus, sagen Leute, die in Hochhäusern mit Hunderten von Mitmenschen leben oder am Arbeitsplatz mit Dutzenden von Gleichgestellten zusammen sind. Wie war es denn am Teich vor der Stadt? Jenseits der Mauer feierten die Gesunden ihr Fest. Und diesseits ging das dreihundertfache Elend weiter. Man hörte die Lieder, die Musik und den Lärm und konnte nicht einstimmen. Unter den Leidenden aber herrschte nicht die Solidarität der Geschlagenen, sondern der Kampf ums Dasein. Das Faustrecht. Ich will der erste im Wasser sein, nicht du!

Da kommt nun Jesus die Hallen entlang durch die Reihen. Er ist kein Arzt, auf den sich die Hoffnungen richten. Er ist einer der vielen. Er redet als der Unbekannte zu dem unbekannten Daliegenden: »Steh auf!« Und der Kranke steht auf. Sagt: »Du kannst tragen!« Und er nimmt seine Matte auf. Sagt: »Du kannst gehen.« Und er geht. Er hat die Kräfte. Woher? Wie soll er das wissen? Seit Jesus ihm gegenübertrat, hat er sie. Er erlebt, wie dieser seltsame, starke, brüderliche Mensch vor ihm steht und den schwachen Willen des Kranken auf sich zieht. Wie er ihn dann zurückgibt, verwandelt, mit Kraft erfüllt. Und der Kranke steht auf.

Wenn ich Jesus zusehe, fällt mir auf, wie plötzlich Licht fällt auf den Beruf des Arztes, auch des heutigen. Denn es ist ein schwieriges, ein zerklüftetes Verhältnis zwischen dem Arzt und dem Kranken. Einerseits muß ein Arzt die Kräfte wecken, die zur Heilung führen. Andererseits soll er mit dem eigenen Wissen das Medikament wählen, das den Kräften des Kranken zu Hilfe kommt. Und drittens muß er wissen, daß noch kein Arzt einen Kranken geheilt hat. Seine Behandlung begleitet ja nur die natürliche Heilung oder beseitigt, was sie hindert. Dieselbe geheimnisvolle Kraft, aus der das Leben hervorgeht, ist es, die heilt. Im Grunde heilt allein jene schöpferische Kraft, die von Gott ausgeht und die sich im Körper oder in der Seele eines Menschen regt, dieselbe Energie, die das ganze Netzwerk der Schöpfung mit Lebendigkeit füllt. Vielleicht ist der Arzt selbst das Medikament, das den Kräften des Kranken aufhilft. Im Grunde verstehen wir Heilung nur, wenn wir den Menschen als ein Wesen verstehen, das mit allem verbunden ist, was im Himmel und auf Erden wirkt. Heilungen wie die, die von Jesus berichtet werden, sind darum nichts, was diesen Zusammenhang sprengte, sondern nur etwas, das ihn aufzeigt.

Was ist denn Gesundheit? Sie ist nicht einfach ein Zustand, in dem nichts von Krankheit festgestellt ist. Sie ist die Kraft zum Wachstum, zur Reifung, zur

Heilung, die Kraft, Härten zu ertragen, Verantwortung wahrzunehmen für das, was geschieht, und immer in der Seele ebenso wie am Leib. Gesundheit ist der dynamische Prozeß, in dem das Leben lebendiger werden kann, die Seele sensibler, der Geist klarer und das Dasein insgesamt bewältigt und erlitten werden kann.

Danach versuchte ich zu hören, was Johannes sagen würde, und fragte: Lieber Johannes, du sprichst immer von deinen »Zeichen«. Was war denn das eigentliche Zeichen in dieser Geschichte?

Das Zeichen, gab mir Johannes zu verstehen, liegt in einer Frage. Ich ging damals mit durch die Hallen. Es war ein einziges Elend. Die Kranken mußten von ihren Angehörigen versorgt werden. So drängten sich die Besucher zwischen den Lagern der Kranken. Es war kaum durchzukommen. Dann kam einer und erzählte uns, der dort drüben, der Alte, liege seit achtunddreißig Jahren da. Er sei zu hilflos, um zu leben, und zu gesund, um zu sterben. Wir gingen zu ihm. Jesus sah ihn an, faßte ihn ins Auge und fragte ihn: »Willst du gesund werden?« Was für eine Frage! Kann denn ein Zweifel sein, daß einer nach achtunddreißig Jahren endlich gesund werden will?

Aber die Frage blieb in mir hängen. Ich habe ja gesagt, im Grunde sei das alles auch meine eigene Biographie. Willst du gesund werden? Ich hörte die Frage, als wäre sie an mich gerichtet. Ich fühlte den

Blick auf mich gerichtet. Ja, wie war das? Wollte ich gesund werden? Während ich betroffen dastand, hatte der Mann irgendeine Erklärung, warum er nicht rechtzeitig ins Wasser kommen könne, und ich hörte wieder Jesus: »Steh auf! Nimm dein Bett und geh!« Und der Mann stand auf, ungläubig zuerst, langsam, unsicher, stand da, bückte sich nach seinem Lager, es war eine Strohmatte, rollte sie zusammen und ging, angestarrt von allen Seiten, langsam dem Ausgang zu.

Der Mann wollte offenbar. Sonst wäre er nicht aufgestanden. Eigentlich war das erstaunlich. Denn für den Geheilten wurde das Leben danach nicht leichter, sondern schwerer. Wenn man achtunddreißig Jahre lang versorgt worden ist, weiß man nicht mehr, wie man sich als Gesunder durchschlägt, wie das ist: arbeiten, sein Brot verdienen, um den Platz an der Sonne kämpfen. Draußen vor den Hallen, wo er durch das Tor ging, begann die Stadt. Er fand Straßen, die er nie gesehen, Menschen und Märkte, die ihm fremd waren. Er mußte lernen, was er nie gekonnt hatte: etwas tun, mit dem er den morgigen Tag bestehen konnte. Er brauchte einen starken, klaren Willen, aber den hatte er noch nie gebraucht, seit er denken konnte.

Und wenn die Schwierigkeiten unüberwindlich wurden für einen so lebensuntüchtigen Menschen wie ihn –, wo war dann der Mann, der ihn in diese Art Gesundheit geschickt hatte? Er müßte ihn fragen, zehnmal am Tag: Was muß ich jetzt tun? Aber Jesus war längst anderswo.

Als mich damals am See Jesus rief und sagte: »Komm! Hinter mir her! Ich brauche dich!«, da war ich in einer schwierigen Verfassung. Ich hatte in einigermaßen gesicherten Verhältnissen gelebt. Mein Vater war Fischer. Er hatte sein eigenes Boot und hatte sein Auskommen und sein Ansehen. Aber in mir war alles blockiert. Ich sah keinen Sinn. Ich traute mir nichts zu. Ich arbeitete eben, wie man arbeitet, aber ich hatte keinen Mut zu meinem Leben. Ich wußte nicht, wie man auf eigene Füße kommt. Da rief Jesus, und ich habe keinen Augenblick gezögert. Mit diesem Mann zu gehen, das war die Lösung! Damit konnte ich dem Druck der Familie entkommen, dem Alltag, der Arbeit und der Zumutung, auf eigenen Füßen zu stehen. Bei Jesus galt ich etwas, da war ich wer. Da konnte ich mich einfügen. Da war einer, der sagte, wo es langging, und ich ging mit.

Als ich mit Jesus durch die Hallen in Betesda ging und er den Kranken fragte: »Willst du gesund werden?«, da schien mir, dieses Wort habe Jesus unter anderem auch an mich gerichtet. Da wachte alles wieder auf. Das sinnlose Leben zu Hause mit der unablässigen Arbeit. Der Zweifel, ob ich etwas sei. Die Mutlosigkeit und die Befriedigung, daß Jesus sagte: »Ich kann dich brauchen.« Mir war, als fragte Jesus weiter: »Willst du wirklich? Kannst du wollen? Du mußt darüber nachdenken. Willst du deine Mattigkeit wirklich hinter dir lassen? Deine Ängste? Deine Unselbständigkeit? Steh auf! Werde ein Mensch, der auf seinen eigenen Füßen steht! Gott hat dich nicht fürs Herumliegen geschaffen und fürs Sichanpassen. Nimm dein Bett, in dem deine Seele es sich gerne bequem machen möchte, und geh. Draußen ist der Markt und das Gedränge der Menschen. Dorthin geh und tu deine Arbeit.«

Und als ich Jesus so hörte, merkte ich, daß ich es konnte. Von ihm ging eine Kraft aus, die sich mitteilte, nicht nur eine Anweisung. Der Kranke damals konnte aufstehen, sehr zu seiner eigenen Überraschung. Ich merkte, daß es schön war, stehen und sich den Menschen aussetzen zu können, etwas Lohnendes zu tun. Ich habe dieses Stehvermögen später oft gebraucht in der Zeit, als Jesus von uns gegangen war. In den letzten Jahrzehnten. Als wir vor dem Hohen Rat standen, Petrus und ich, angeklagt. Als wir auf dem Markt vor den vielen Menschen standen und von dem sprachen, was wir erlebt hatten. Als wir verhaftet wurden und bedroht und geschlagen. Es gehörte Stehvermögen dazu, dem obersten Gericht Israels zu erklären: »Man muß Gott mehr gehorchen als den Menschen.« Im Grunde höre ich bis zum heutigen Tag dieses »Steh auf!«, dieses »Nimm dein Ruhekissen und deine Schlafmatratze in die Hand und geh!« Und ich sage es weiter zu denen, die ich in allerlei Fehlhaltungen, in Verschlafenheit und Versorgungsangst herumliegen sehe. Eure Bestimmung ist der aufrechte Stand und der aufrechte Gang. Die Welt braucht euch.

Dasselbe sage ich heute euch Menschen des 20. Jahrhunderts. Ihr lebt in einer merkwürdigen Kultur; in einer Kultur, die so erfolgreich ist, wie nie eine vor ihr war, in der es euch so gut geht, wie es zu meiner Zeit höchstens ein paar Kaisern oder Königen ging. Zugleich lebt ihr in einer merkwürdigen, tief depressiven Grundstimmung. Spielt bei euch, besonders auch bei euch Deutschen, nicht diese Grundstimmung mit ihrem Verlangen nach dem leidfreien Leben, nach der ewig konservierten Jugend, nach lebenslänglicher Versorgung eine viel stärkere Rolle als der Wille zum Experiment, der Wille, die Aufgaben anzufassen, die heute vor der Jahrtausendwende auf euch warten, nach euch schreien? Ist Sicherheit nicht das überragende Prinzip in eurer christlichen Gesellschaft?

Es wäre gut, ihr hörtet die Stimme des Mannes Jesus: »Steh auf!« und stündet auf. Seit 2000 Jahren lebt er in eurer Kultur, auch in eurem religiösen Bewußtsein, und immer noch ist euch fremd, was er gesagt hat. Er müßte endlich zu einer Stimme in euch selbst werden. Er müßte in euch zur Welt kommen. Nicht so, daß er euren Wünschen und eurer Sprachregelung nachkäme, sondern so, daß er euch gegenüberträte wie dem Kranken auf seiner Matte.

Ich kann bezeugen, daß man das Aufstehen lernen kann. Man wird danach immer einmal wieder einknicken. Man wird immer wieder die Knie durchdrücken und zu stehen versuchen. Je öfter man das macht, desto besser geht es und desto fester wird der

Grund, auf dem man steht. Denn Jesus ist nicht nur der, der das Stehen fordert. Er ist, wie unser Freund Paulus einmal gesagt hat, auch der Grund, auf dem wir stehen, auf dem wir unser Leben aufbauen, der Grund, auf dem eines Tages unsere Auferstehung stattfinden wird. Und er ist die Kraft, mit der wir unser Werk tun. Sage es denen weiter, die du herumliegen siehst.

IV

Nicht sorgen: Das Essen auf dem Golan

Ich lese weiter in dem Bericht des Johannes: »Eines Tages fuhr Jesus im Schiff über das Galiläische Meer, den See Genezareth, hinüber ans östliche Ufer, an den Fuß des Golan. Eine große Menschenmenge strömte ihm nach, denn die Leute hatten erlebt, wie er ihre Kranken geheilt hatte. Drüben stieg Jesus mit seinen Begleitern auf das Gebirge, den Golan, hinauf. Es war im Frühjahr, kurz vor dem Passa.

Als er nun die vielen Menschen sah, die ihm zuströmten, wandte er sich an Philippus: Woher nehmen wir so viel Brot, daß sie alle genug zu essen haben?

Philippus überschlug die Menge: Brot für fünfhundert Mark ist nicht genug, auch wenn jeder nur wenig bekommt. Andreas fügte hinzu: Es ist ein Junge hier, der hat fünf Gerstenbrote und zwei Fische bei sich. Aber was ist das unter so viele?

Da befahl Jesus: Die Leute sollen sich lagern! Es war aber an der Stelle ein schöner, mit Gras bewachsener Platz. Dort lagerten sie sich: fünftausend Männer, dazu Frauen und Kinder.

Und Jesus nahm die Brote, sprach das Dankgebet und verteilte sie an die Lagernden. Mit den Fischen tat er dasselbe und gab ihnen davon, soviel sie wollten.

Als sie satt waren, wandte er sich an seine Helfer: Sammelt die übrigen Brocken, damit nichts umkommt! Da sammelten sie und füllten zwölf Körbe mit den Brocken, die die Essenden von den fünf Gerstenbroten übrig gelassen hatten.

Als nun die Leute begriffen, was da geschehen war, sagten sie: Der ist der große Gottesbote, der in die Welt kommen soll! Da sah Jesus, daß sie kamen und sich seiner bemächtigen wollten, um ihn zum König Israels zu machen, so ging er unbemerkt weg, allein, und stieg noch höher ins Gebirge hinauf.

Anderntags, in Kapharnaum, sagte Jesus in einer Diskussion mit den Gästen vom Vortag: Bemüht euch nicht um vergängliche Speise, sondern um solche, die zum ewigen Leben hilft. Die will ich euch geben ... Da fragten sie ihn: Was gibst du uns denn für einen Beweis, daß wir es sehen und dir glauben können? Mose bewies uns seine Vollmacht, indem er uns in der Wüste das Manna zu essen gab. Da antwortete ihnen Jesus: Das Manna, das Brot vom Himmel, gab euch nicht Mose. Das gibt euch nur mein Vater. Der gibt euch sein wirkliches Brot, das der Welt das Leben gibt. Ich bin das Brot des Lebens. Wer von diesem Brot essen wird, der wird in Ewigkeit leben.« (Johannes 6,1–15)

Was mag damals am Golanaufstieg östlich des Sees geschehen sein? Ich weiß es nicht. Wie hat Jesus das gemacht, daß die vielen Menschen satt geworden sind? Die Geschichte erzählt es nicht. Einfach mehr Brot aus wenig Brot zu machen, ist eigentlich nicht sein Stil. Am Anfang seiner Tätigkeit jedenfalls hat er es abgelehnt, aus Steinen Brot zu machen, als er es als Gefahr für seinen Auftrag erkannte. Oder stillte er den Hunger der Menschen durch Suggestion? Auch das ist nicht die Art, die wir von ihm kennen. Oder könnte Jesus, wie wir es heute noch in der Eucharistie tun, die Brote in sehr kleine Stückchen gebrochen haben, so daß jeder das sakramentale Zeichen des Brots bekam und die Leute mehr an ihrer Seele, also spirituell, satt wurden als an ihrem Leib?

Oder könnte es sich so abgespielt haben, daß viele keine Wegzehrung mit sich genommen hatten, andere auf Tage hinaus versorgt waren? Da aber vorauszusehen war, daß diese Veranstaltung in der Steppe eine ganze Reihe von Tagen dauern konnte, hielten die, die Brot hatten, ihre Taschen zu. Dann erlebten sie die übermächtige Gestalt dieses Jesus, der vom Gottesreich unter den Menschen redete. Dabei entdeckte einer, daß neben ihm ein anderer saß, der hungrig war, und es ging ihm auf, das Brot in seiner eigenen Tasche sei eigentlich für sie beide bestimmt. Als dann die Frage gestellt wurde: »Hat jemand mehr zu essen bei sich, als er selbst braucht?«, da kamen die Brote aus den Taschen und wanderten durch die Reihen. So entstand in der

Gegenwart dieses Jesus, der selbst die fünf Brote verteilte, jene Gemeinschaft, von der er geredet hatte: das brüderliche und schwesterliche Gottesvolk, das man am Teilen erkennt und das das eigentliche »Zeichen vom Himmel« war. Hatte Jesus nicht gesagt: »Der Mensch lebt nicht vom Brot allein, sondern von jedem Wort, das ihn von Gott her trifft?« Hat also nicht letztlich das Wort, das Jesus dort oben an die Menschen gerichtet hatte, die Seelen und am Ende auch die Leiber satt gemacht? Es steht uns frei, uns den Vorgang auszudenken.

Ich stelle mir vor, daß die Menschen das Große, das da geschah, in Andeutungen begriffen haben. Sie sagten: »Irgend etwas Rätselhaftes ist an diesem Mann. Irgend etwas, das Zukunft hat. Ist das nicht genau der Mann, den wir brauchen? Wird der nicht auch mit anderen Mißständen fertig werden. Ja, ›Jesus for president!‹«

Jesus bemerkt es und entfernt sich. Nicht nur, weil ein solches Ereignis wie die Ausrufung eines Königs nur in einem Blutbad enden konnte, sobald der wirkliche König, der zwanzig Kilometer westlich residierte, davon gehört hätte. Sondern auch, weil hier Verstehen und Nichtverstehen so dicht ineinander lagen, daß er sich diesem Vorhaben nur entziehen konnte. Er ging, unbemerkt und allein, höher hinauf auf die Hochfläche des Golan.

Auch die Jünger hatten nicht bemerkt, daß er wegging. Sie meinten, er sei zur Bootsanlegestelle hinabgegangen, um über den See zurückzufahren. Anderntags treffen sie ihn in Kapharnaum wieder.

Und da fragen die Leute: »Wo bist du gewesen? Wir wollten dich doch zum König ausrufen! Was muß man eigentlich tun, daß du bei uns bleibst und wir immer zu essen haben?«

»Das will ich euch sagen«, ist seine Antwort. »Ihr denkt an das Brot, von dem ihr materiell satt werdet. Es kommt aber auf das andere Brot an, das vom Himmel kommt und euch das ewige Leben gibt. Und das will ich euch geben.« »Die Ewigkeit?« antworten die Leute: »Wir wollen nicht von der Ewigkeit träumen, sondern hier und jetzt essen. Die Sache mit dem Brot gestern war gut. Beweise uns, daß du von Gott her kommst, und sei unser König!« Und seine Antwort: »Das Brot, das ihr wirklich braucht, gibt euch mein Vater. Das Brot von Gott ist der, der von Gott kommt und der dabei das Leben gibt. Ich bin das Brot. Wer zu mir kommt, den wird nicht hungern.«

Soweit unsere Geschichte. Als ich so weit war, wandte ich mich wieder an Johannes. Das alles, lieber Johannes, klingt sehr tiefsinnig. Aber was war denn das Wesentliche damals? Was war das »Zeichen«, das für dich und für uns Bedeutung hat? Du sagst ja, das alles habe für dich selbst auch autobiographischen Sinn?

Es dauerte eine Weile, bis ich ihn hörte: Da muß ich früher ansetzen. Ich muß an den Tag anknüpfen, an dem wir Jesus auf dem Berg hörten – an seine große Bergrede, wie ihr sagt. Damals ging mir an einem bestimmten Punkt plötzlich ein Licht auf. Da sagte Jesus unter anderem auch sein berühmtes Wort: »Selig sind, die hungert und dürstet nach Gerechtigkeit, sie sollen satt werden.« Das ist es, fuhr es mir durch den Sinn, Gerechtigkeit, das wäre die Befreiung, das wäre die Erlösung. An Gerechtigkeit satt werden, das ist es. Ich bemerkte damals, daß mein Unbehagen, als ich noch ein Fischer war, hier irgendwo seine Wurzeln hatte: in einem tiefen Leiden unter dem Unrecht, das uns ringsum anstarrte. Ich sah die Römer, die mit Waffengewalt unser Volk auspreßten und, wenn sich einer dagegen wehrte, erbarmungslos zuschlugen. Wie viele Kreuzigungen sahen wir damals! Ich sah aber auch die reichen Großgrundbesitzer, die die Armen um einen Hungerlohn arbeiten ließen. Ich sah die frommen Männer, die die ungebildeten Leute vom Lande, die sich keine religiöse Bildung leisten konnten, in die religiöse Zweitrangigkeit abschoben. Ich sah die Zollstellen, an denen die reine Willkür herrschte und an denen sich die, die sich das Zollrecht von den Römern gepachtet hatten, mit der Macht der Römer im Rücken ihre Reichtümer sammelten.

Wir lasen damals in der Synagoge den Prediger Salomo, der sagt:

»Ich sah, wie Unrecht war an der Stätte,
an der man Recht spricht,
und wie sich auf dem Thron des Rechts
der Frevel blähte.
Ich sah alle die Gewalttaten,

die unter der Sonne geschahen.
Ich sah die Tränen der Unterdrückten
und sah, daß niemand sie tröstete.
Von der Hand ihrer Bedrücker erlitten sie Gewalt,
und niemand tröstete sie.«
(Prediger 3 und 4)

Schrie das alles nicht zum Himmel, was da vor den Gerichten, in den Folterkellern, in den Gefängnissen und in den Schlupflöchern der Partisanen nach jedem kleinen Aufstand und jedem Akt der Selbstverteidigung erlitten wurde? Hatten die nicht recht, die in die Wildnis am Toten Meer gingen oder in die Höhlenlöcher von Galiläa – in den Widerstand – und dabei nicht weniger riskierten als das schreckliche Ende am Kreuz? Das alles war der eigentliche Kern meines Unbehagens, das mich aus dem Schiff trieb, als Jesus nach mir rief. Irgend etwas muß geschehen, sagte ich mir jeden Tag. Und an jenem Tag: Vielleicht hat der Mann eine Lösung?

Wir brauchten lange, die meisten unter uns jedenfalls, bis wir anfingen, Jesus zu verstehen, der so ganz andere Wege zeigte. »Sorge für Gerechtigkeit ohne Gewalt«, sagte er. »Wer Gewalt einsetzt, stellt sich auf die Seite des Unrechts.« Wir sollten, so sagte er, unseren Hunger nach Gerechtigkeit keineswegs vergessen, sondern wach halten. Wir sollten aber nicht übersehen, daß auch von uns selbst Gerechtigkeit erwartet wird und nicht neues Unrecht. Dann würden wir die stillen, leisen Wege finden, auf denen die wirkliche Gerechtigkeit entsteht. Und wer wirklich nach Gerechtigkeit hungert, der wird satt werden. Satt an Gerechtigkeit. Das durchzog damals alles, was Jesus uns sagte, und wir spürten an ihm, wie er selbst hungerte nach dieser Gerechtigkeit.

Das ist alles sicher richtig und wahr, wandte ich ein. Aber du redest von etwas ganz anderem als von jenem Tag auf dem Golan mit den fünftausend Menschen und dem Brot.

Nein, genau davon rede ich, antwortete Johannes. Du wirst es sofort sehen. Aber ich muß noch einmal an einer anderen Stelle einsetzen, und du wirst sehen, daß auch dieses entlegene Thema genau zu jenem Essen auf dem Golan gehört.

Seit mehr als tausend Jahren ist das zentrale Thema, das in unserem Volk bedacht wurde, wie der einzelne Mensch und wie das ganze Volk in sich so gerecht werden können, wie Gott es erwartet. Wir haben nicht Ideen nachgedacht wie die Griechen. Wir haben nicht die Welt mit Schiffen befahren wie die Phönizier. Wir haben nicht Bauwerke für die Ewigkeit gebaut wie die Ägypter. Wir haben tausend Jahre lang über die Gerechtigkeit nachgedacht, die in den Menschen selbst entstehen muß. Werden wir Menschen gerecht vor Gott, wenn wir moralisch leben? Oder wenn wir Strukturen schaffen, in denen jedem einzelnen Gerechtigkeit widerfährt? Oder wenn wir einen Tempel haben, an den wir unsere Unzulänglichkeit und unser Unrecht bringen und an dem wir uns durch Opfer, durch Lieder und Begehungen aller Art reinigen?

Das war das zentrale Thema: Gerechtigkeit. Wenn Jesus sagt: »Selig sind, die hungert und dürstet nach Gerechtigkeit«, dann hat er auch diese Seite des abgründigen Problems vor Augen. Uns selbst sah er dabei an. Er meinte uns, er meinte die Gerechtigkeit, die in uns selbst entstehen sollte und die unsere Beziehung zu Gott betraf. Das war uns immer deutlich gewesen: Es gab da ein besonderes Verhältnis zu Gott. Gott hatte sich in unserem Volk offenbart wie nirgends sonst. Er hatte sogar einen »Bund« mit uns geschlossen. Wie sah nun ein Menschenleben aus, das diesem Bund entsprach? Das ihm, wie man so sagt, »gerecht« wurde? Das gottesgerechte, das heißt, das bundesgerechte Leben des Menschen, das war unser Thema. Denn Gerechtigkeit ist kein Ausdruck für unseren eigenen Zustand, sondern immer für eine Beziehung. Lebe ich familiengerecht? Das heißt so, wie man sich verhält, wenn man einer Familie angehört? Lebe ich berufsgerecht? Das heißt so, wie man sich diszipliniert, wenn man einen bestimmten Beruf ausübt? Lebe ich ehegerecht? Das heißt so, wie man sich verhält, wenn man eine Ehe geschlossen hat? Lebe ich glaubensgerecht? Das heißt so, wie man lebt, wenn das wahr ist, was man glaubt? Das alles ist der Sinn der alten Rede von der Gerechtigkeit.

Ich merkte damals auf dem Berg, auf dem Jesus seine Rede hielt, daß dies der eigentliche, der entscheidende Antrieb war, als ich das Boot verließ und mich ihm anschloß. Ich war hungrig nach Gerechtigkeit. »Wer so hungert«, sagte er, »der wird satt werden. Er wird Gerechtigkeit empfangen wie Brot.«

Und jetzt bin ich wieder an dem Hang des Golan, auf jener Wiese, auf der Jesus das Brot brach. Die Menschen dort oben wurden satt. Nicht dadurch, daß Jesus fünftausend Brote gezaubert hat. Sie wurden satt, weil Jesus das wenige, das vorhanden war, an alle verteilte und sie selbst plötzlich lernten, zu teilen. Weil es nicht mehr die Versorgten unter ihnen gab neben den Unversorgten, die Satten neben den Hungrigen. Sie waren plötzlich eine Gemeinschaft, die vom Willen zur Gerechtigkeit bestimmt war. Eine Versammlung, in der es gemeinschaftsgerecht zuging. Und das wirkte sich aus bis ins Körperliche. Sie waren am Ende wirklich satt.

Das war damals für mich das »Zeichen«: So muß es zugehen, wo unter Menschen Gerechtigkeit entstehen soll. So wird der satt, der nach Gerechtigkeit hungert. Und so kann dann ein Mensch, der Jesus vor Augen hat, hingehen und Frieden und Gerechtigkeit schaffen, auch in den Dörfern zwischen den Menschen, auch vor den Gerichten, auch gegenüber den politischen Feinden.

Als Jesus uns am Ende seines Lebens den Auftrag gab, dieses Wort weiterzureichen, da lag etwas darin wie: Ihr alle seid das Wort! Ihr seid das Brot! Seitdem begleitet mich dieses Zeichen, zu dem für mich die Geschichte vom Golan geworden war. Und ich sah keine Möglichkeit mehr, davon zu schweigen.

In den Jahrzehnten seitdem, in denen ich allmählich alt wurde, ist die Welt nicht gerechter geworden. Es geht auf ihr so gewalttätig zu und so ungerecht, es gibt auf ihr so viel Lüge und Irrtum und so viel irregeleiteten guten Willen, wie es je gegeben hat. Was an Quälerei und Mord damals in unserem Volk geschehen ist, das ist inzwischen auch den Christen in Rom und anderswo widerfahren. Die Rätsel, die uns damit aufgegeben waren, zum Beispiel das Rätsel der Gerechtigkeit Gottes, von der wir nichts sahen, standen sicher so dunkel vor uns wie je vor unserem Volk.

In dieser ganzen Zeit haben wir von dem Wort gelebt: Selig sind, die ihren Hunger nach Gerechtigkeit nicht mit Gewalttat, Lüge und Rachsucht stillen wollen, sondern mit dem einfachen Wort, das sie von Jesus haben: »Ich bin das Brot«, für die eigene Seele ebenso wie für die Welt. Selig sind, die daraus die Richtung ihrer Gedanken und ihrer Wege erkennen, bis sie satt sein werden an Gerechtigkeit um sie her und in ihnen selbst. Jesus hat uns damals gesagt: »Sorgt nicht um das, was ihr essen und trinken werdet. Sorgt euch vielmehr darum, daß unter euch etwas Gerechtes geschieht. Sorgt euch um das Gottesreich unter den Menschen. So werdet ihr merken, daß Gott sieht, was ihr braucht. Ihr werdet hinübersehen in eine größere Wirklichkeit, in weitgespannte Zusammenhänge. Ihr werdet dabei unabhängig werden und frei und werdet Festigkeit und Gewißheit gewinnen. Ihr werdet gesegnet sein.«

Wenn ich an die vergangenen Jahrzehnte denke, in denen die Nachricht von Jesus ums ganze Mittelmeer gegangen ist: Wir hatten nichts und empfingen Wahrheit. Wir waren verkrampft in unserer Angst und empfingen Sorglosigkeit. Wir waren ausgehöhlt vom Haß und wurden mit Liebe gefüllt. Wir konnten unsere wenigen Brocken Brot verwandeln in Hände voll Frieden und haben ganze Scheunen voll Freude und Freiheit geerntet.

Ich habe in meiner Geschichte von einem Kind erzählt, das zwischen den vielen Erwachsenen war und fünf Gerstenbrote und zwei Fische bei sich hatte. Offenbar war es das einzige in der ganzen Versammlung, das seinen Vorrat nicht versteckte. Es gab, was es hatte, weiter. So kamen wir uns gelegentlich vor: zu einfältig, um zu verstecken, was wir hatten, zu naiv, es zu verkaufen, zu waffenlos ausgeliefert, um es festzuhalten. Und dann stellten wir fest: Das wenige, das wir zu geben hatten, reichte für alle um uns her.

Überlege dir doch einmal, woher in deiner Zeit, am Wechsel vom 20. ins 21. Jahrhundert, die Mutlosigkeit so vieler Christen kommt, die Müdigkeit, die Resignation: Wir haben nichts zu sagen. Woher die Ratlosigkeit kommt, mit der man hört, was Christus sagt, und danach meint: Wir haben selbst den Bauch voller Probleme. Wie sollten wir etwas Erlösendes zu sagen haben?

»Ich bin das Brot«, sagt Jesus. Das Brot ist da. An

den Jüngern waren nur die Hände wichtig, die weitergaben, und die Augen, die sahen, wer das Brot brauchte. Jesus sagte damals: »Wir müssen ihnen zu essen geben, denn einige kommen von weither, und wenn wir sie ohne Nahrung entlassen, kommen sie unterwegs um.« Es war etwas Dringliches in der Situation, und wir konnten nicht warten, bis unsere Gemeinden geistliche Fabriken waren, in denen das Brot des Lebens in unbegrenzter Menge und erstklassiger Qualität gebacken würde. Wir hatten nur, was wir in der Hand hatten, und mußten es ausgeben ohne Kontrolle durch eine Arbeitsordnung der Kirche oder durch ein Dogma. Darum war manches auch ein wenig schnell gesagt, was ihr im Neuen Testament lest. Über vieles müßt ihr anders nachdenken, als es in unseren Evangelien und in unseren Briefen steht. Aber dieses Unbekümmerte an unserem Reden von Christus war das eigentlich Glaubwürdige an uns. Ich möchte euch Mut machen, ebenso unbekümmert in die Wirrnisse eurer Zeit hineinzureden.

Der Mensch ist nun einmal ein Hungerwesen. Er muß essen, wenn er leben will. Das ist ihm zugemutet, damit er nicht zuviel von sich hält. Damit er an der Erde bleibt und sich nicht in irgendwelche halbgöttlichen oder göttlichen Rollen hinaufträumt. Es ist ihm zugemutet, nicht nur nach Essen zu hungern, sondern auch nach Freundschaft, nach Liebe, nach Vertrauen, nach Freiheit, nach Arbeit, nach Sinn. Und da gibt es keine Trennung zwischen einer Nahrung für den Leib und einer für die Seele.

Wenn der Mensch ißt, sättigt er das Hungergefühl in seinem Leib. Das gibt ihm die Fähigkeit, zu lieben, sich zu freuen und die Welt als gut und heimatlich, als schön und sinnvoll zu begreifen. Die Schwierigkeit mit euch satten Mitteleuropäern ist, daß nicht mehr klar ist, wonach ihr eigentlich hungrig seid.

Seid ihr noch hungrig nach Gerechtigkeit? Was für ein Hunger entsteht in euch, wenn ihr die Hungerbäuche der Kinder aus Afrika oder Asien im Fernsehen seht oder die Skelette der Erwachsenen? Wenn ihr die Gewalttaten seht, über die man sich, weil sie alltäglich und überall geschehen, nicht mehr aufregt? Aber das ist euer Problem. Denk nach und lebe wohl!

V

Vertrauen lernen: Die Erscheinung über dem See

Weiter erzählt Johannes: »Spät am Abend – nach dem Ereignis mit dem Brot am Hang des Golan – gingen die Jünger zum See hinab. Sie stiegen in ein Boot und fuhren über den See auf Kapharnaum zu. Es war schon finster, und Jesus war noch nicht zu ihnen gekommen. Der See aber war aufgewühlt von einem schweren Sturm. Als sie nun drei oder vier Meilen gefahren waren, sahen sie Jesus, wie er ihnen auf dem See erschien, ganz nahe bei ihrem Schiff, und sie fürchteten sich. Er aber sprach zu ihnen: Ich bin's. Fürchtet euch nicht! Nun wollten sie ihn ins Schiff nehmen, aber im selben Augenblick war das Boot an dem Ufer, das sie ansteuerten.« (Johannes 6,16–21)

In den anderen Evangelien lesen wir diese Geschichte etwas anders, zum Beispiel bei Markus: »Als es Abend wurde, war das Schiff mitten auf dem See und er, Christus, am Lande, allein. Und als er sah, daß sie Mühe hatten mit dem Rudern, weil ihnen der Wind entgegenstand, kam er gegen Morgen zu ihnen, auf dem Wasser gehend, und es schien so, als wollte er an ihnen vorbeigehen. Sie aber, als sie ihn auf dem Wasser gehen sahen, hielten ihn für ein Gespenst und schrien auf vor Entsetzen. Er aber sprach sie an: Nicht verzagen! Ich bin's. Nicht fürchten. Er stieg zu ihnen ins Schiff, und der Wind legte sich.« (Markus 6,45–51)

Nun könnte einer, der den lieblichen, blauen See kennt und ihn gesehen hat inmitten der blauen Berge von Galiläa, denken, das sei doch ein wenig übertrieben. Es gibt in ihm keinen Punkt, der so weit von einem Ufer entfernt wäre, daß ein guter Schwimmer es nicht erreichte. Dieses stille Wasser sei doch zu harmlos, um erwachsene Männer in Panik zu versetzen. Aber seit ich erlebt habe, wie ein Fallwind vom Golan herabstürzte und die Schaumkronen am Hafen von Tiberias in Höhe des ersten Stockwerks in die Häuser schlugen, ist mir die Angst der Männer in ihrem Kahn schon begreiflicher. Moderne Fangschiffe schützen sich bei solchem Wetter in den Häfen. Wie sollten die Männer mit ihren kleinen Ruderbooten nicht Mühe haben, und wie sollte die Angst nicht nach ihnen greifen?

Es darf uns nicht wundern, wenn Erfahrungen der Art, wie sie hinter einer solchen Geschichte stehen, verschieden erzählt werden. Worin bestand denn die Gefahr, vor der sie sich ängsteten, und was war das Erlösende? Der eine sagt: »Jesus kam ins Schiff, und der Wind legte sich.« Der andere: »Jesus kam nicht ins Schiff, aber das Schiff fand ans Land.« Der eine fürchtete den Sturm und den Untergang, der andere hatte über dem langen, vergeblichen Rudern in der Nacht die Orientierung verloren und war dankbar, daß er nach Hause kam. Beide Male kam der eigentliche Schrecken von einer Vision, die ihnen über dem nächtlichen Wasser widerfuhr. Sie schrien, als sie das Gespenst sahen, und beruhigten sich erst, als die Erscheinung sich zu erkennen gab.

Die Zeit ist vielleicht vorbei, in der man solche Vorgänge schlicht psychisch erklärte: Die Angst schreit nach einer Hilfe. Die Angst produziert das Bild. Und das Bild beruhigt die Geängsteten. Ich meine, wir wüßten heute mehr über die Vorgänge zwischen der Psyche des Menschen und der Wirklichkeit außer ihm, um eine so einfache Erklärung hinnehmen zu können. Ich halte es für durchaus denkbar, daß ein Mensch seinen physischen Leib verläßt und an anderem Ort in geistiger oder sonst immaterieller Gestalt erscheint. Die Erfahrungen jedenfalls ungezählter Menschen sprechen für eine Welt, in der solche Dinge geschehen.

Während sie also mit den Wellen kämpfen, sehen sie plötzlich etwas. Eine Gestalt. Ein Gespenst! Die Welt war für Menschen der damaligen Zeit von allen Seiten, von oben und von unten, angefüllt mit Kräften und Mächten, mit Dämonen und Geistern aller Art, guten und bösen. Wie sollten sie sich nicht fürchten? Aber da dringt aus dem Sturm eine Stimme zu ihnen: »Ich bin's! Nicht fürchten!« Und merkwürdig: Das Meer wurde still.

Noch einmal: Es hat wenig Sinn, an Erfahrungen dieser Art herumzufragen: Kann das sein? War das nicht eine Sinnestäuschung überreizter Menschen in einer extremen Situation? Was geschah da eigentlich in ihnen selbst – und was geschah objektiv von außen? Erfahrungen dieser Art kommen in der Tat von außen, wo die Gefahr ist, und sie kommen von innen, wo ein Mensch in den gefährlichen Bildern von Sturm, Nacht und Meer sich selbst erfährt und vielleicht ein Bild sieht, das ihn tröstet. Die Folge ist, daß die Gefahr die Macht über die Seele verliert. Der Sturm legt sich und die Wellen werden still, so daß die Sterne sich wieder im nächtlichen Wasser spiegeln können.

Am Ende weiß keiner mehr, was außen geschah und was innen. Aber er weiß, alles ist anders. Es ist einer da, der die Macht hat. Der Sturm ist nichts Selbständiges. Er gehorcht einem stärkeren Willen. Das Schiff zerbricht nicht. Und wenn der Morgen kommt, bin ich am Ufer und mache das Boot fest. Die Erfahrung dieser Nacht gehört von nun an zu meiner inneren Lebensgeschichte und kann mir nicht mehr verloren gehen. Mir hat sich eine Wirklichkeit gezeigt, die ich nun kenne und auf die ich mich verlasse.

Angst, Furcht, Grauen haben die Seelengeschichte der Menschheit seit Urzeiten beherrscht. Aber sie waren nicht nur Hindernisse auf dem Weg zum glücklichen Leben, sie waren selbst lebensnotwendig. Angst kann lebenrettend sein. Sie ist eine Art Antenne für die Gefahr. Ein Mensch, der sich vor einem Bären nicht fürchtet, fällt ihm zum Opfer. Wo keine Angst ist und also auch keine konkrete Furcht entsteht, kündigt sich die Gefahr nicht an. Es entsteht die fragwürdige Heldenfigur, die wir im vergangenen Krieg oft kennenlernen konnten. Sie kommt deshalb ohne Angst aus, weil sie keine Phantasie besitzt, malt sich also keine Gefahr vor die Augen, stellt sich keine Katastrophen und keine Niederlagen vor und rennt so unbewegten Gemüts in sie hinein. Zum bloßen »Helden« gehört sehr oft ein gutes Stück Dummheit, mindestens etwas von einem schlichten geistigen Vermögen. Je differenzierter ein Mensch ist, desto näher liegt ihm die Angst und desto eher findet er Wege zu ihrer Überwindung. Das wirkliche Heldentum – und nicht seine Karikatur – besteht in der rätselhaften Fähigkeit, die Angst einzugrenzen oder beiseite zu legen um einer wichtigeren Sache willen. Dazu gehört wiederum die Fähigkeit, vom eigenen Interesse am Überleben abzusehen. Auch solche Menschen haben wir im Kriege gesehen.

Angst ist auch in unserer angeblich so aufgeklärten Zeit allgegenwärtig. Eine Fülle von Methoden ist erfunden worden, sie zu überwinden oder sich abzutrainieren. Angst gehört nun einmal zu Krankheit, zu Einsamkeit, zur wachen Verantwortung für Menschen, sie gehört zum Tode. Sie gehört überall dorthin, wo das Dasein eng wird. Sie ist Angst vor Verarmung, vor den offenen Grenzen, auch vor den vielen Ausländern, vor der Gewalt auf den Straßen, vor Arbeitslosigkeit, vor dem organisierten Verbrechen. Sie ist Angst vor dem Unbekannten, vor dem Verlust geliebter Menschen, vor dem Verlust der eigenen Identität, dem Verlust der Selbstkontrolle und dem Verlust der Menschenwürde im Alter. Sie ist aber auch Furcht vor Gott, der so wenig deutlich gegenwärtig ist, vor Verdammnis oder vor dem Gericht.

Heute kann uns wieder auffallen, mit welcher Selbstverständlichkeit derselbe Jesus, der in unserer Geschichte sagt: »Fürchtet euch nicht«, auch gesagt hat: »In der Welt habt ihr Angst.« Er sagt ja nicht: »Ich nehme alle Angst von euch«, sondern: »Ich habe die Welt überwunden.« Auch in einer von Christus überwundenen Welt bleibt die Angst. Die Kraft gegen die Angst aber ist der Glaube, der seinerseits »die Welt überwindet«. Der Glaube ist sozusagen das Ohr, mit dem die Angst die Stimme hört, die sagt: »Ich bin's, fürchte dich nicht«.

Wer die letzten fünfzig Jahre mit wachen Sinnen erlebt hat, dem ist die Ahnung durchaus nicht abwegig, die eigentliche Gefahr sei in den äußeren Gefahren verborgen am Werk und sie sei hintergründiger Art. Wer hat denn seine Hand im Spiel? Wissen wir das? Was ist denn »Schicksal«, was ist denn »Zufall«? Ist dahinter irgendein intelligenter Wille, den man böse oder gut nennen mag? Oder Gott? Kann man sich gegen die Dummheit des Zufalls wehren? Kann man sich gegen ein feindliches Schicksal stemmen? Kann man sich einer göttlichen

Hand anvertrauen? Die Fragen bleiben offen, wo nicht irgendeine Stimme hörbar wird, der wir vertrauen wollen.

Nicht eigentlich von Wind oder Wellen kam die Angst jener Männer in ihrem Boot, sondern von einem »Gespenst«. Dann hören sie eine Stimme. »Ich bin's! Nicht fürchten!« Und die Situation kehrt sich um: Das ist ja alles ganz anders! Das haben wir ja gar nicht gewußt! Es ist die Überraschung, die den trifft, der auch bisher schon irgendwie an Gott geglaubt hat – und dann bemerkt, daß Gott tatsächlich ist. Die Überraschung, die etwa auch den treffen kann, der immer schon von der Liebe geredet hat – und dann plötzlich liebt.

Das Wesentliche an jener Erfahrung auf dem Meer war die Überraschung, daß in der Gewalt nicht die letzte Macht liegt. Das hatten sie vorher auch schon gewußt. Aber was hilft es, etwas zu wissen, wenn es sich nicht irgendwann gegen alle Erwartung als wirklich, als wahr erweist? Sie erkannten, wie da die Gewalt der Elemente einer verborgenen Macht Raum gab, und verstanden: Ach ja! Hier ist ja Christus! Und dieser Christus steht stellvertretend für den Vater. Wir sind in seiner Hand, ob wir leben oder sterben.

Sie kannten auch vorher schon die starken und schönen Worte, die in der Bibel immer wiederkehren:

»Gott, unser Heil!
Du zwingst das Brausen der Meere nieder,

das Brausen seiner Wellen und das Toben
der Völker!«

wie etwa der 65. Psalm achthundert Jahre vor Christus singt – oder:

»So spricht Gott,
der die Himmel geschaffen und die Erde
gegründet hat:

Fürchte dich nicht, ich befreie dich.
Ich rufe dich bei deinem Namen, du bist mein.
Wenn du durch Wasser gehst, bin ich bei dir,
wenn du Ströme durchschreitest,
werden sie dich nicht überfluten.«
(Jesaja 43,1–2)

Es war ihnen vertraut, daß das Wasser seit Urzeiten als Bild diente für alle wirklich elementare Bedrohung des menschlichen Daseins. Sie wußten auch, daß die Bibel, wenn sie die Zuverlässigkeit Gottes schildern will, davon spricht, Gott bewahre die Seinen mitten im Toben der Wasser. Es war ihnen vertraut, daß Gott den Sturm nicht einfach verhindert, sondern den Menschen im Sturm die Gelassenheit des Vertrauens gewährt, die Heiterkeit, in der Johann Franck dichtet:

»Tobe, Welt, und springe,
ich steh hier und singe
in gar sichrer Ruh …«

Es ist schwierig, das, was man zu wissen meint, dorthin zu übertragen, wo die Angst konkret wird. So suche ich wieder nach dem Gesicht des Johannes und stelle ihm meine Frage: Lieber Johannes, bei dieser Geschichte kann ich mir besonders leicht vorstellen, daß du sie im Sinne einer inneren Selbstbiographie geschrieben hast. Wie ging denn das in jener Nacht bei dir selbst zu? Und allmählich hörte ich ihn reden:

Dazu will ich zunächst sagen, daß meine Erfahrung in jener Nacht nicht genau die gleiche war wie die meiner Freunde. Die meisten der anderen stammten vom Land. Das Wasser war ihnen nicht vertraut. Sie waren Bauern oder Handwerker. Für sie war der Sturm das eigentlich Bedrohliche. Deshalb erzählt Matthäus, sie seien wegen des Sturms in Panik geraten und Jesus habe so eingegriffen, daß er dem Sturm Einhalt geboten habe.

Das war nicht so sehr mein Problem. Wir Fischer konnten schwimmen. Wir waren oft in den gefährlichen Fallwinden, die so plötzlich kamen, und konnten in unseren kleinen Booten draußen nicht rechtzeitig einen Hafen aufsuchen. Wir kannten das, daß die Wellen ins Schiff schlugen und wir schöpften und schöpften. Ohnedies erlebt jeder eine solche Situation anders. Meine Sorge war, ob unsere Kräfte ausreichen würden, um das Ufer zu erreichen. Denn wir kamen trotz aller Anstrengung kaum von der Stelle. Mein Problem war auch nicht, ob es Erscheinungen geistiger Art geben könne, in denen wir einen Menschen wahrnehmen, der nicht hier ist, sondern anderswo. Wir Fischer haben immer gewußt, daß es den sechsten Sinn und das zweite Gesicht gibt. Trotzdem bin ich tödlich erschrocken, als ich plötzlich zwischen Sturm und Regen und Wellen die weiße Gestalt sah und nicht wußte, wer das war.

Als ich dann seine Stimme hörte, war alles klar. Da verstand ich, daß kein Sturm und keine Welle sich außerhalb des Willens Gottes bewegt und es keine Situation gibt, in der wir ganz verlassen sind. »Ich bin's«, hat er gesagt.

Auch das Meer selbst ändert seinen Charakter dabei. Gott ist ja nicht außerhalb von Land und Meer irgendwo über den Wolken, so daß wir ihn immer aufs neue bitten müßten, doch herabzukommen und zu sehen, wie groß die Gefahr ist. Gott ist in Berg und Tal, in Acker und Feld, in unsern Dörfern, in unsern Schiffen, im Wasser des Sees und in dem Wind, der es aufpeitscht, im Regen und in der Finsternis. Wo sollte denn Gott sonst sein? Und wo sollte er nicht sein? Wenn ich also in die Tiefe des Sees schaue, dann höre ich: »Ich bin's.« Wenn mir der Wind um die Ohren pfeift, dann höre ich: »Ich bin's.« Und wenn mein Boot hoffnungslos hin- und hergeworfen wird und vielleicht kentert, dann höre ich: »Dieses Boot, das bin ich. Du fällst nicht ins Bodenlose, sondern in meine Hand, wenn es umschlägt.«

Was mir damals eindrücklich geworden ist, war das, was später Paulus den »kosmischen Christus« genannt hat. Er sagte: Wo Gott uns mit einem wirklichen Gesicht begegnet, da sei es das Gesicht des Christus. Diese Begegnung mit dem Gesicht des Christus und mit dem, was er sagt, kann mitten in den Wellen und mitten im Sturm geschehen, mitten in dem, was wir »Natur« nennen, dort, wo sie übermächtig von außen kommt oder auch bedrohlich von innen aus unserer eigenen Seele, die ja auch ein Stück Natur ist. Mir wurde im Laufe der Zeit durch die Erfahrung jener Nacht und vieler nachfolgender Nächte klar, wie nahe Jesus bei Gott stand und heute, nach seiner Auferstehung, steht. Wie unmittelbar wir also Gott erfahren haben während der Zeit unserer Wanderungen mit ihm. Ich habe damals vielfach einen großen Weisheitslehrer und -meister in ihm gesehen. Wie dicht er aber in Zusammenhang und Wechselwirkung stand mit den letzten Geheimnissen Gottes und der Welt, das ging mir in jener Nacht auf. Ich begann auch zu sehen, wie sehr unsere Kräfte wachsen können, wenn wir in diesen Zusammenhang eintreten oder in ihn einbezogen werden. Wir hatten plötzlich das Gefühl, wir kämen voran und waren tatsächlich nach kurzer Zeit im Hafen von Kapharnaum.

Jene Nacht wurde für mich im Laufe der Zeit zu einer Art Grundmuster, das mich bis heute, da ich ein alter Mann bin, unverändert begleitet. Da ist mir dann nicht mehr so schrecklich wichtig, wie sich das alles im einzelnen abgespielt hat, sondern was uns für den Rest unseres Lebens davon blieb.

In einem ersten Sinn wurde sie zu einem Muster für die kleinen Gemeinden, die sich seither oft mühsam genug über Wasser hielten. Den Unwettern, denen sie ausgeliefert waren, hatten sie oft genug nichts entgegenzusetzen als den Glauben, irgendwie sei Gott im Sturm und werde sie durch die finstere Situation hindurchretten. Es war der Glaube, Christus, dessen Wort ihnen vertraut war, sei so dicht mit Gott verbunden, daß es Sinn hat, mit seinem Wort Gott anzusprechen. Oft waren es Verfolgungen durch den Staat oder durch religiöse Instanzen, die kaum durchzustehen waren. Oft auch waren es Streitereien im Boot der Kirchen. Die Angst kam von dem Sturm im eigenen Schiff, in dem keiner genau wußte, wohin es ging und wie die Kraft reichen sollte, und wo der eine schrie: »Dort müssen wir hinkommen!« Der andere: »Nein, dort ist das Ufer.« »Ich steure richtig!« – »Nein, du steuerst falsch.« Wir waren nie eine große, stabile Arche Noah, in der man geruhsam das Ende des Regens abwarten konnte. Wir wußten oft genug von einem Tag auf den anderen nicht, ob alles nicht plötzlich ein schreckliches Ende nehmen würde. Es gab nichts, als sich an diesem Erkennungswort festzuhalten: »Nicht fürchten! Ich bin's!«

In einem zweiten Sinn wurde die Erfahrung jener Nacht auch für mich selbst zu einer Art Grundmuster. Ich kam mir selbst oft vor wie einer unserer schwachen Kähne. Die Leute wollten von mir wissen, wo das Ufer sei. Ob Christus uns verlassen habe. Ob unsere Kräfte ausreichten. Ich mußte ihnen dann immer wieder sagen, daß es auf unsere Kräfte nicht ankam. Aber sie fragten weiter: Wer hilft uns, wenn unsere Kräfte nicht ausreichen? Ich kam mir selbst wie ein solcher Kahn vor, der dem Sturm nicht gewachsen ist. Oft hätte ich gerne gesagt: »Ich weiß es auch nicht. Seht zu, daß ihr euch anstrengt. Seht zu, daß ihr euch auf einen gemeinsamen Kurs einigt.« Wenn ich dann in die Dunkelheit schaute, in der ich war, dann sah ich dort die einsame, schmale Gestalt zwischen den Wellen, und hörte: »Ich bin's! Fürchte dich nicht! Ängstigen dich die Verfolgungen, die euch treffen – ich bin's. Ängstigt dich die lange Zeit, die ihr durchhalten müßt – ich bin's. Ängstigt dich eure scheinbare Verlassenheit – ich bin's. Oder euer Leiden – oder vielleicht euer Tod – ich bin's. Ihr habt dem Sturm nicht viel entgegenzusetzen – außer euren Glauben. Natürlich noch ein wenig guten Willen, durchzuhalten, ein wenig guten Willen, zusammenzustehen. Aber im Grunde ist es allein euer Glaube. Der hat es mit mir zu tun. Und bald werdet ihr am Land sein.«

Noch in einem dritten Sinn ist mir die Erfahrung jener Nacht zu einem Grundmuster geworden. Ich habe viel mit Menschen zu tun gehabt. Es waren am Ende viele Tausende, für die ich Verantwortung trug. In fast allen ist bisweilen Nacht: Nacht der Stumpfheit oder der Unrast, der Angst, der Streitsucht, der Rechthaberei. In allen drückt sich aus, daß die Gespenster der Nacht ihre Ursache in einem Sturm haben, der nicht in den Menschen tobt, sondern um sie her. Wie soll es nicht Nacht werden in einem Menschen, der im Keller eines finsteren Gefängnisses sitzt und auf seine Hinrichtung wartet? Und das waren Tausende. Oder in einem Menschen, der an irgendeiner schrecklichen Krankheit auf grausige Weise zugrunde geht und dem kein Arzt mehr helfen kann, der aber glauben soll an Christus, den Arzt? Oder in einem Menschen, der einmal anfing zu glauben und für den sich inzwischen in langen Jahren nichts geändert hat, weder in ihm selbst noch in der Umgebung, mit der er täglich zu tun hat? Die Langweiligkeit in unseren Kirchen ist auf die Dauer ebenso tödlich wie der Sturm der Verfolgung. Ich habe begriffen, daß die Menschen alle wie kleine Boote auf einem offenen See sind und sich nur unterscheiden im Zeitpunkt des Sturms. Viele träumen auf einem sonnigen, klaren Wasser und meinen, das Leben sei doch so schön und man könne, was das Evangelium sagt, ohne weiteres glauben. Aber der Sturm kommt vermutlich irgendwann, und es kommt darauf an, sich vorzubereiten. Andere sind mitten im nächtlichen Sturm, und es kommt darauf an, bei ihnen zu sein, mehr als darauf, ihnen Belehrungen zu erteilen. Und wieder andere haben den Sturm hinter sich und haben wieder festen Boden unter den Füßen. Das sind die, bei denen man lernen kann, auch ich, wenn sie sagen: »Ich habe gesehen, daß Christus zwischen den Wellen war.«

Damals hat Jesus, während er einmal eine Schafherde vorbeiziehen sah, von der Ähnlichkeit gesprochen zwischen dem, was ein Hirte tut, und seinem eigenen Auftrag. Zum Beispiel von der Bereitschaft eines Hirten, einem einzelnen verlaufenen Schaf nachzugehen, bis er es irgendwo in der Wüstenei wiederfindet.

Darin zeigte er uns zugleich den unerhörten Auftrag, der auch uns galt: Seid Hirten, wie ich Hirte bin. Lebt zugleich bedroht und schützend, wie ich schützend und bedroht lebe. Diese Ähnlichkeit mit mir wird bleiben, wenn die mittelmäßigen Leistungen eures Lebens vergangen und vergessen sind. Es wird das Bild Gottes in euch sein.

Mir fiel, als Johannes dies alles sagte, eine Geschichte ein, die 1946 auf dem Kriegsverbrecherprozeß in Nürnberg von einem Menschen berichtet wurde, der sich als Hirte bewährte:

»Ein Hauptmann sollte siebzig Kriegsgefangene zum Korps zurückbringen, aber ein höherer Offizier sagte ihm, es würden keine Gefangenen mehr gebraucht und er solle sich ihrer ›entledigen‹. Er weigerte sich und sagte, er würde sie wie üblich zurückbringen. Der kommandierende General kam selbst und befahl ihm, sich der Gefangenen zu entledigen. Als sich der Hauptmann weigerte, sagte der General: ›Sie sind sich über die Konsequenzen klar, wenn sie einen direkten Befehl Ihres Vorgesetzten verweigern?‹ Der Hauptmann sagte: ›Ja, ich bin mir darüber klar, und ich weigere mich strikt, Ihren

Befehl zu befolgen, und werde die Konsequenzen auf mich nehmen.‹ Dann drehte er sich zu seinem Leutnant um und sagte: ›Ich befehle Ihnen hiermit, diese Gefangenen sicher zum Korps zurückzubringen …‹ Die Gefangenen wurden zurückgebracht, und von der Sache hörte man nichts mehr. Dem Hauptmann geschah nichts.«

Und schön finde ich ein Wort von Dom Helder Camara: »Wenn du kein Stück Holz hast, das du dem Ertrinkenden ins Wasser zuwerfen kannst, dann sei du selber ein lebendiges Stück Holz für den Schiffbrüchigen, deinen Bruder.«

Hast du alles verstanden? fragte Johannes. Die ganze Nacht war ein einziges »Zeichen«. Sie zeigte uns: Du brauchst dich vor der »bösen Welt« nicht zurückzuziehen. Nimm die Herausforderung an, die in deiner Zeit liegt. Du hast keine Angst nötig. Deine Zukunft, in welcher Form immer sie dir entgegentritt, wird eine Begegnung mit Gott sein. Du kannst nachdenken, wo andere der Panik verfallen. Du hast noch Güte, wo alle anderen hassen. Du brauchst auch für das Schiff der Kirche nicht zu sorgen und etwa zu fürchten, es werde irgendeinem Sturm nicht gewachsen sein. Denn das Schiff der Kirche hat bis in deine Zeit hinüber nicht deshalb überlebt, weil es so groß und stark und womöglich schön oder schnell war oder gar – was das Überflüssigste wäre – modern, sondern weil es bewahrt war mitten in den Stürmen.

Dann wurde die Stimme leiser, und ich versuchte, mir selbst auf diese Geschichte meinen Reim zu machen. Im Grunde war alles klar: Eine Macht, die wir als finster und gefährlich empfinden, kann sich plötzlich wandeln in eine führende Nähe und Güte. Gott verlangt von uns Menschen nicht, wir sollten so stark sein wie er. Er spricht den Schwachen Kraft zu, denen, die sich wehren möchten, die innere Stille, und denen, die in Angst erstarrt sind, einen freien Willen, der sich mit seinem Willen eint. Wenn aber Gott vorzugsweise in der Nacht kommt, brauchen wir die Nacht nicht zu fürchten.

VI

Die Augen auftun:
Die Heilung eines Blinden

Weiter erzählt Johannes: »Einmal sah Jesus im Vorübergehen einen Mann, der von Geburt an blind war. Da fragten ihn seine Jünger: Meister, wer hat nun Schuld auf sich geladen, er selbst oder seine Eltern, daß er blind geboren wurde? Jesus antwortete: Weder dieser noch seine Eltern. An ihm aber soll sich zeigen, was Gott tut. Wir müssen ja tun, was der tut, der mich gesandt hat, und wir müssen es tun, solange es Tag ist. Es kommt eine Nacht, in der alles Tun und Wirken endet. Solange ich in der Welt bin, bin ich das Licht der Welt.

Als er das gesagt hatte, spuckte er auf die Erde, machte aus Speichel und Erde einen Brei und strich den auf die Augen des Blinden. Danach sagte er zu ihm: Geh! Wasche dich in der Quelle Siloah. Und der Blinde ging hin, wusch sich und kam sehend zurück.

Die Nachbarn und alle, die ihn früher als Bettler gekannt hatten, fragten: Ist das nicht der Mann, der immer dagesessen und gebettelt hat? Die einen sagten: Er ist es! Andere: Er muß ihm ähnlich sein. Er selbst freilich sagte: Ich bin es. Da fragten sie ihn: Wie kommt es, daß du jetzt siehst? Er antwortete: Der Mensch, der Jesus heißt, machte einen Brei, strich ihn auf meine Augen und sagte: Geh zum Teich Siloah und wasche dich. Ich ging hin, wusch mich und kann nun sehen. Da fragten sie ihn: Wo ist er? Aber er konnte nur sagen: Ich weiß es nicht.

Da führten sie ihn zu den Pharisäern, denn es war Sabbat an dem Tag, als Jesus den Brei machte und seine Augen heilte. Die Pharisäer aber fragten ihn auch, wie er sehend geworden sei, und er antwortete: Einen Brei legte er mir auf die Augen, ich wusch mich und kann nun sehen. Da sagten die einen unter den Pharisäern: Dieser Mensch kommt nicht von Gott. Er hält den Sabbat nicht ein. Andere waren vorsichtiger: Ein sündiger Mensch könnte ein solches Zeichen nicht tun. Und sie waren sich nicht einig. Da wandten sie sich wieder an den Blinden: Wofür hältst du ihn? Immerhin hat er dich sehend gemacht. Er antwortete: Er ist ein Prophet.

Nun glaubten sie aber nicht, daß er blind gewesen und nun sehend geworden war, und riefen seine Eltern. Ist das euer Sohn? Ist er blind geboren? Und warum kann er nun plötzlich sehen? Seine Eltern antworteten: Ja, das ist unser Sohn, und er ist blind geboren. Aber wie er nun plötzlich sehen kann, das wissen wir nicht. Wer ihm das Augenlicht gegeben hat, wissen wir auch nicht. Fragt ihn doch selbst, er ist alt genug. Er soll für sich selbst reden. Das sagten sie, weil sie sich vor den Pharisäern fürchteten, denn die hatten schon einen Beschluß gefaßt: Wer Jesus als den Christus erkennt, der solle aus der Glaubensgemeinschaft der Juden ausgestoßen werden.

Da riefen sie noch einmal den Mann, der blind gewesen war, und sprachen zu ihm! Gib Gott die Ehre! Wir wissen, daß dieser Jesus ein Sünder, ein Betrüger ist. Er antwortete: Ob er ein Sünder ist, weiß ich nicht. Ich weiß nur, daß ich blind war und nun sehen kann. Da fragten sie ihn noch einmal: Was hat er mit dir gemacht? Wie hat er dich geheilt? Er gab zur Antwort: Das habe ich euch schon gesagt, aber ihr hört nicht zu. Warum wollt ihr es noch einmal hören? Wollt ihr auch seine Anhänger werden? Da fuhren sie ihn an: Du bist sein Anhänger! Wir sind Anhänger des Mose. Wir wissen, daß Gott mit Mose geredet hat. Woher aber der kommt, wissen wir nicht. Der Mann antwortete: Das ist doch seltsam, daß ihr nicht wißt, woher er kommt. Und dabei hat er mich doch sehend gemacht … Von Anfang der Welt an hat man noch nie gehört, daß jemand einen blind Geborenen sehend gemacht hat. Wäre er nicht von Gott, könnte er das nicht tun. Da sagten sie zu ihm: Du bist ganz und gar in Sünden geboren (das zeigt deine Blindheit) und willst uns belehren? Und sie stießen ihn aus.« (Johannes 9,1–34)

Man mag über diese Heilung denken, wie man will. Sie erinnert an die Methoden der antiken Medizin, auch an den noch früheren Schamanismus. Daß die Erde heilkräftig sei, wußte man immer schon. Und daß Speichel eine besondere heilende Wirkung habe, ist auch uralte Überzeugung. Man kann im

Sinn einer modernen Naturheilkunde durchaus offen lassen, wie der Blinde geheilt worden sei. Viele Menschen unserer Zeit entdeckten solche Verfahren heute neu und wünschen sich, sie möchten sich mit der modernen Medizin verbinden. Man mag offenlassen, was damals, vor 2000 Jahren, in Jerusalem konkret geschehen ist. Die Absicht der Erzählung liegt ohnedies an ganz anderer Stelle.

Der Ausgangspunkt ist eine Begegnung im Vorübergehen. Da saß einer und bettelte, und man wußte: Der ist blind, seit er lebt. Es galt aber im damaligen Judentum als gewiß, daß ein enger Zusammenhang bestehe zwischen Krankheit und Schuld. Krankheit oder Behinderung war immer Strafe Gottes für ein konkretes Fehlverhalten. Auch das ist ein Erbe aus schamanischer Zeit. Dahinter steht die Überzeugung, daß die Ordnung im Kosmos, die Ordnung in der menschlichen Gemeinschaft und die Ordnung im Leib und in der Seele des einzelnen im Gleichgewicht sein müssen und jede Störung dieses sensiblen Gleichgewichts sich unter anderem in Gestalt einer Krankheit, als Leiden auswirkt. So waren die Heiler jener Zeit und früherer Epochen oft mehr Seelenkundige als Mediziner.

Wie – so fragen die Jünger, die es so gelernt hatten – ist es dann erklärlich, daß ein Mensch behindert, zum Beispiel blind, zur Welt kommt, ehe er irgend etwas diese Ordnung Störendes tun konnte? Die Gesetzeslehrer von damals dachten teils an ein Fehlverhalten der Eltern oder auch an Sünden, die das Kind im Mutterleib begangen haben müsse. So stellten sie Jesus ihre Frage: »Wer hat nun in diesem Fall gesündigt?«

Die Frage hat, wie schon gesagt, ihr Recht. Es gibt eine Tiefe in der menschlichen Seele, in der die Krankheit des Leibes und das Leiden der Seele, auch etwa die Schuld, die in die Tiefe der Seele verdrängt ist, sehr dicht ineinander verwoben sind. Wer will überhaupt feststellen, wo die Grenzen zwischen Leib und Seele liegen? Ich meine fast, sie seien so dicht verwoben, daß alles, was in der Seele vorgeht, auch den Leib betrifft, und, was im Leib geschieht, in der Seele sich mitereignet. Der Fehler der Rabbinen war nur der, daß sie meinten, dieser Zusammenhang lasse sich generell formulieren: Es gibt keine Krankheit ohne Schuld. So wurde ihnen ihre Bibel zu einem heiligen Strafgesetzbuch, und der Umgang mit Kranken und Leidenden bekam einen Zug von verurteilender Unbarmherzigkeit.

Jesus geht auf die Frage nicht ein: »Weder dieser noch seine Eltern haben gesündigt, so daß er blind zur Welt kam. Die Behinderung hat einen ganz anderen Sinn. In ihr soll offenbar werden, was Gott tut.« Wir können nur vermuten, daß der Blinde das Gespräch mitgehört hat und die Frage nach der Schuld seiner Eltern oder seiner eigenen seit seiner Kindheit gewöhnt war. Wir können uns denken, daß er aufgehorcht hat, als Jesus seine Antwort gab. Denn da war ja plötzlich alles ganz anders! Da war alles umgekehrt! In der Antwort Jesu lag ja eben dies: Frage nicht, durch wessen Schuld du leidest, sondern zu welchem Ziel hin dein Leiden dich führen will! Frage nicht, wofür dich Gott straft, sondern wohin dein Weg geht. Du bist nicht verflucht zum Leiden, sondern es hat Sinn. Und dann hört er, wie der Fremde sich ihm zuwendet. Er fühlt seine Hände und das Pflaster, das sie auf seine Augen legen, und hört seine Stimme: »Geh hinunter an die Quelle Siloah und wasche dir die Augen!«

Noch eine Kleinigkeit am Rande: Worin bestand denn in diesem Fall die Verletzung des Sabbatgebots, also der Ruhe aller Arbeit? Es gab eine Vorschrift unter neununddreißig verbotenen Arbeiten, die ausdrücklich das »Kneten«, gemeint war von Teig, verbot. So war die Arbeit, den Speichel mit etwas Erde zu vermengen, ein Verstoß gegen die Sabbatordnung und ein Beweis dafür, daß Jesus nicht der von Gott Gesandte sein konnte. Angesichts dieser Logik spricht nun Jesus von Blindheit. Blindsein heißt, keine Beziehung mehr zur Wirklichkeit zu haben, behindert sein durch dogmatische Vorurteile und Festlegungen. Wer blind ist, verliert die Orientierung. Er hat keinen Zugang mehr zu etwas, das er nicht schon kennt. Wer so vorgeht, gefährdet nicht nur sich selbst, sondern auch die anderen.

Auf diesen Ebenen spricht Jesus vom Sehen und vom Blindsein: »Ich bin zum Gericht in die Welt gekommen, damit die, die nicht sehen, sehend werden, und die sehen, blind.« Dabei steht der Blindgeborene stellvertretend für uns alle. Auch die Klügsten kommen »blind« zur Welt und sind, was den Sinn ihres Lebens betrifft, bis an ihr Ende »blind«. Blind im Blick auf sich selbst. Blind im Blick auf die Wahrheit und auf Gott. Wir sind Menschen dieser Welt und leiden damit an einer umfassenden, alles hemmenden und gefährdenden Blindheit. Wir sind Blindgeborene, die als Blinde sterben werden, wenn nicht ein Wunder an uns geschieht. Hier aber liegt der Sinn des »Zeichens«, das die Geschichte meint. Das Ende des Berichts ist jedenfalls dies, daß der Mann nun »klar sieht«, klar im Blick auf die Welt, in der er lebt, und klar im Blick auf Jesus, der ihm diese Klarheit verschafft hat.

Aber der Eindruck bleibt bestehen, es liege mehr in unserer Geschichte. Ich frage wieder Johannes: Du sagst, es verberge sich in deinen Berichten auch eine Art persönlicher Biographie. Was hat für dich die Erfahrung in Jerusalem und vom Teich Siloah bedeutet? Und ich hörte ihn so:

Ich will mit einer Nebensache anfangen. Du wirst gleich merken, daß es keine Nebensache ist. Nämlich: mit der Quelle Siloah. Diese Quelle war nicht irgendein Wasser. Es gab auch sonst rund um Jerusalem Quellen, so den Schafteich, von dem ich schon erzählt habe, oder die Quellen unten im Tal, den Gihon oder die Rogelquelle. Die Quelle Siloah war davon die wichtigste. Sie lag geschützt unter dem Felsen, auf dem die Stadt Jerusalem gebaut ist, und war für Feinde nur schwer erreichbar. Ein Schacht ging von der Stadt aus durch den Felsen hinunter zu ihr, und die Stadt lebte von diesem Wasser. Die Quelle war heilig in verschiedener Hinsicht. Sie war, was die kastalische Quelle für die Griechen in Delphi war. In der ältesten Zeit, lange vor unseren Vätern David und Salomo, als die Stadt noch einem anderen Volk gehörte, geschahen dort unten die Weissagungen, die die Menschen in der Stadt brauchten, um mit ihrem gefährdeten Leben zurecht zu kommen. Auch für unsere Väter war dies ein besonderes, von Gott unmittelbar geschenktes Wasser. Sie nannten es »Siloah«, »gesandt« – zu ergänzen: von Gott. In diesem Wasser reinigten sich seit Urzeiten die Pilger, wenn sie auf die Stadtburg von Jerusalem, den Zion, hinaufzogen, wo der Tempel stand, damit sie kultisch rein seien für die Opfer, die sie bringen wollten.

Dorthin also schickte Jesus den Mann. Er sollte sich in der heiligen Quelle die Augen waschen und, wie es üblich war, im Tempel Gott danken für seine Heilung. Das war überraschend, denn normalerweise lag bei solchen Waschungen der Ton auf der moralischen Seite. Der Mensch sollte, ehe er vor Gott trat, sich von seinen unheiligen Absichten und Gedanken, vor allem von seinen Bosheiten und seiner Unmoral reinigen, wie es noch in eurer Zeit die Moslems tun, ehe sie zum Gebet in die Moschee gehen. Für Jesus lag der Ton ganz anderswo. Der Mann sollte sich an der heiligen Quelle von seinem Leiden, seiner Blindheit, heilen lassen. Er sollte die Augen aufschlagen und den wahrnehmen, der sozusagen an die Stelle des Tempels trat: Jesus –, den, der von Gott gesandt war wie die heilige Quelle selbst. Die Quelle sollte also nicht kultische Reinheit bewirken, sondern Erkenntnis, Klarsicht, Einsicht, Durchblick oder wie du sagen willst. Sie sollte die Augen öffnen für die Wahrheit, die in der Gestalt des Jesus von Nazareth in die Welt getreten war.

Die Empfindlichkeit der frommen Kreise im Volk, der Pharisäer, aber auch der Priester hing, wie ich mir denke, damit zusammen, daß sie durchaus verstanden, was Jesus mit all dem zeigen wollte. Die Sache mit dem Sabbat war wohl nicht der entscheidende Punkt. Wenn das Zeichen verstanden wurde, dann bestand es in einer Umdeutung der Waschungen in der Quelle Siloah. Sie, die bisher die Menschen bereit und fähig gemacht hatte, im Tempel zu erscheinen, war nun der Ort, an dem es um die Erkenntnis des von Gott Gesandten, nämlich Jesus, ging. Das rührte an die Grundfesten. Darum konzentriert sich das Gespräch auch sehr entschieden auf die Frage, woher denn Jesus komme. »Wir wissen nicht, woher dieser kommt«, sagen sie, ob er der »Gesandte Gottes« sei oder nicht, der die Macht auch über das kultische Leben am Tempel haben sollte, oder ob er ein Betrüger sei. So bleibt auch der Geheilte bei seiner Aussage: »Ob er ein Betrüger ist, weiß ich nicht, aber ich weiß: Er hat mir die Augen geöffnet, als ich mich unten an der Quelle wusch.« Und so fällt er selbst der Ausstoßung zum Opfer.

Damit aber ist das Zeichenhafte an der Geschichte deutlich: Die Waschungen in der heiligen Quelle sind nun nicht mehr Einweihungen in die Kultfähigkeit, sondern eine Einübung in die Erkenntnis des Gottesgesandten, des Christus. Das, so war mir damals ganz klar, konnten die Autoritäten in Jerusalem unmöglich hinnehmen. In den kurzen Redewechseln über den Sabbat und darüber, wer denn der sei, der das getan habe, und woher er komme, deutet sich an, was später im Palast des Kaiphas und auf dem Hügel Golgatha geschah: die Ausstoßung nicht jenes Mannes, sondern des Christus selbst.

Noch etwas wurde mir deutlich: Das Hören, das in unserem Volk von jeher als der wichtigste Zugang zur Wahrheit gegolten hat, muß in Christus zum Sehen führen. Denn Glauben heißt Sehenlernen. Die Augen aufschlagen. Und das immer aufs neue, wenn die Bilder dieser Welt und unsere eigenen Urteile allzu dicht vor unseren Augen stehen und sie blind machen. Sich klar machen, daß wir Menschen alle in einem sehr grundsätzlichen Sinn blind sind und nie sagen können: Ich habe es schon immer gewußt. Nein, wir sehen neu, was uns jetzt im Augenblick durch einen Akt der Gnade gezeigt wird. Immer kommt es darauf an, zu sagen: Zeige mir, was ich glauben soll.

Seitdem habe ich diese Vorgänge: die Heilung des Blinden, die Auseinandersetzungen um den Anspruch des Christus, die plötzliche Erkenntnis, wer er sei, bei ungezählten Menschen immer wieder erlebt. Die Geschichte mit dem Blinden ist tatsächlich ein »Zeichen« für etwas, das immer wieder und überall geschehen kann und geschieht. Was für eine Blindheit ist das? Und was für ein Sehvermögen? Es geht ja häufig genug sehr paradox dabei zu. Mancher, der sich sicher ist, daß er »klar sieht«, ist in Wahrheit überall, wo es um ein wirkliches Wahrnehmen geht, seltsam blind. Und mancher, der Mühe hat mit seinen Augen, sieht sehr klar. »Sehen« ist eine Sache, die auf vielen verschiedenen Ebenen stattfindet und auf vielen Ebenen erst geweckt werden muß.

»Sehen« ist ein Gewahrsein dessen, was vor aller Augen liegt. Es ist auch ein Sehen dessen, was kommen wird. Auch ein Wahrnehmen dessen, was in den Menschen verborgen ist und vor allem im Schauenden selbst. Es ist ein Wahrnehmen der Geheimnisse, die rings um uns am Werk sind, des großen Zusammenhangs, in dem alle Geschöpfe miteinander stehen. Es ist auch eine schauende Klarheit der Grenzen, die unserem Sehen und Begreifen gesetzt sind. Es ist in einem letzten Sinn ein Wahrnehmen Gottes in allen Dingen. Ein Gewahrsein all der verschiedenen Weisen, in denen uns Gott begegnet.

Aber das Licht kann verloren gehen. Die Augen können kurzsichtig oder schwach oder dunkel werden. Wer darum sagt: »Ich sehe klar«, der ist gefährdet. Wer sagt: »Ich weiß, wer Gott ist, ich weiß, was gut und richtig oder gar was christlich ist«, der ist in großer Gefahr. Es könnte sein, daß an dieser Behauptung schon seine Blindheit zum Ausdruck kommt. Zur Erkenntnis der Wahrheit gehört die Bereitschaft, die Augen jeden Morgen neu aufzuschlagen und das

Licht dieses Tages aufzunehmen. Mir ging es jedenfalls so, während ich in diesen Jahren das Evangelium schrieb, das du vor dir hast: Ich mußte mich mit jedem neuen Abschnitt wieder neu an das herantasten, was die Geschichten, die ich erzähle, in mir bewirkt haben. Das war mir nie von vornherein klar. Es zeigte sich mir immer wieder anders und neu, als wenn mir die Augen eben erst aufgingen. Denn alles Lebendige hat immer auch Gegensätze und Widersprüche in sich.

Seither habe ich die Erfahrung gemacht, daß sich die Wahrheit auf dieser Erde nie endgültig durchsetzen wird. Sie will immer neu wahrgenommen sein. Sie leuchtet auf und verbirgt sich, sie leuchtet wieder auf und verbirgt sich wieder. Immer neu müssen wir den Weg hinunter zur Quelle unter die Füße nehmen, um uns die Augen aufs neue zu waschen, damit sie aufgehen und wir sagen können: »Ich glaube.«

Ich habe jedenfalls gelernt, auch all das zu sehen, was schwer und rätselvoll ist. Ich habe viel Sterben und Leiden gesehen und viel Licht in allem. Viel Gegenwart Gottes in allem. Und ich warte darauf, daß sich alles, was uns rätselhaft geblieben ist, eines Tages in Gottes Klarheit aufhellt. Daß wir dann unsere ängstlichen und verzweifelten Fragen weglegen können, weil alles klar ist. Inzwischen aber sollen wir den Menschen sein, was Christus ihnen ist: eine heilende Hand, ein Wegweiser zur Quelle und am Ende ein Licht.

Alles übrige mußt du nun selbst finden. Ich habe genug geredet. Leb wohl.

VII

Ins Leben treten: Die Auferweckung des Lazarus

Das letzte der sieben Zeichen bleibt noch. Es ist der Gipfel in ihrer Reihe. Es ist der Endpunkt der Erzählungen über das Leben und Wirken des Mannes aus Nazareth und zugleich der Übergang zur zweiten Hälfte des Johannesevangeliums, in der die Geschichte seines Leidens und Sterbens berichtet wird. Es ist ausführlich und mit vielen Details erzählt. Damit aber von Anfang an ganz deutlich ist, worin das »Zeichenhafte« dieses Berichts besteht, verkürze ich ihn auf seine entscheidenden Sätze:

»Es war aber einer krank, Lazarus von Betanien, aus dem Dorf der Maria und ihrer Schwester Marta. Die beiden Schwestern sandten nun Jesus eine Botschaft und ließen sagen: Herr! Er ist krank, den du lieb hast! Als Jesus hörte, daß er krank sei, blieb er noch zwei Tage an dem Ort, an dem er war. Danach sagte er seinen Jüngern: Auf! wir gehen nach Judäa. Unser Freund Lazarus ist entschlafen, und ich gehe hin, ihn zu wecken.

Als nun Jesus dorthin kam, fand er ihn schon vier Tage in der Gruft liegen. Es waren auch viele gekommen, die Schwestern wegen ihres Bruders zu trösten.

Als nun Jesus sah, wie die Schwestern weinten und mit ihnen die Leute aus der Umgebung, faßte ihn der Zorn über den alten Feind, den Tod, und eine tiefe Erregung, und er fragte: Wo habt ihr ihn hingelegt? Sie antworteten: Komm, Herr, und sieh! Da kam Jesus, wieder in seinem Innersten bewegt, zum Grab und sagte: Hebt den Stein weg! Und er richtete seine Augen zum Himmel und rief mit lauter Stimme: Lazarus, komm heraus! Und der Tote kam heraus, an Händen und Füßen von Binden umwickelt und das Angesicht mit einem Schweißtuch verhüllt. Da sagte Jesus: Macht ihn frei und laßt ihn gehen!« (Vgl. Johannes 11,1–44)

Im Zusammenhang dieser Ereignisse und Gespräche sagt Jesus zu Marta das entscheidende Wort: »Ich bin die Auferstehung und das Leben. Wer an mich glaubt, wird leben, auch wenn er stirbt. Und wer lebt und an mich glaubt, wird in Ewigkeit nicht sterben.« (Johannes 11,25)

Am Ende geht der Blick des Erzählers noch hinüber nach dem wenige Kilometer entfernten Jerusalem: »Einige von denen, die gesehen hatten, was Jesus tat, gingen zu den Pharisäern und berichteten es ihnen. Da versammelten sich die Priester und die Pharisäer im Hohen Rat und sprachen: Was sollen wir tun? Dieser Mensch vollbringt viele wunderbare Taten. Wenn wir ihn gewähren lassen, werden alle an ihn glauben (es wird ein Aufstand ausbrechen unter seiner Führung) und die Römer werden kommen und diese Stadt und unser ganzes Volk vernichten. Einer unter ihnen, Kaiphas, der in jenem Jahr Hoherpriester war, sagte zu ihnen: Es ist besser für uns, wenn ein Mensch anstelle des Volks stirbt, als wenn das ganze Volk zugrunde geht. Von dem Tage an berieten sie sich untereinander, auf welche Weise sie ihn umbringen könnten.« (Vgl. Johannes 11,45–53)

Man mag, wie auch schon bei der Hochzeit zu Kana, nach dem Sinn eines solchen Wunders fragen. Man mag einwenden, was denn damit erreicht sei, daß ein Mensch vorübergehend ins Leben zurückgeholt wird, bis er einige Jahre später wieder dem Tod anheimfällt. Man mag sagen, dies sei gewiß tröstlich und hilfreich für ihn selbst und seine Angehörigen und Freunde, aber an der Todverfallenheit des Menschen, der Völker und der Kulturen ändere sich damit nicht das Geringste. Der Tod habe danach die Macht, wie er sie zuvor hatte, und alles bleibe beim alten.

Es ist deutlich: Eine solche Geschichte hat nur Sinn, wenn sie ein Zeichen ist für etwas, das über sie hinausreicht, wenn sie etwas aussagt über das Leben und den Tod der Menschen überhaupt. Wenn danach eben nicht alles beim alten ist, sondern übergeht in eine große Veränderung der Dinge, die am Rand des Menschenlebens zur Ewigkeit hin geschehen. Wenn zum Beispiel der Übergang vom Leben in den Tod für uns keine lebensbedrohende Gefahr mehr ist. Wenn da einer uns begegnet, der uns sagt: »Komm heraus!« Wenn wir neue Schritte tun in ein anderes Land. Wenn da einer über unsere Erde geht, über das ungeheure Totenfeld, über den unendlichen Begräbnisplatz aus untergegangenem, vergessenem Leben, auf dem seit Jahrmillionen Leben war. Leben, das starb und wieder zu Erde oder zu Stein wurde. Aus dem zwar neues Leben hervorging – immer aufs neue, ein kurzatmiges Eintageleben, in ergreifender Weisheit und Schönheit gestaltet –, danach aber wieder in der unendlichen Totenlandschaft versank. Und wenn – ja, wenn! – der Christus, der da kommt und vor den Gräbern steht, die Macht hat, für alle die Toten einen neuen Weg zu zeigen und zu eröffnen. Es geht in diesem letzten Zeichen nicht um irgend etwas, sondern um den Sinn und das Ziel unseres Menschenlebens überhaupt. Wir können aus unserer Geschichte alle die Einzelheiten, die Gespräche zum Beispiel, getrost weglassen. Sie haben nur Sinn, wenn dieses Eine feststeht.

Dann aber gewinnt die Geschichte eine unerhörte Bildhaftigkeit. Dann sagt sie: Du Mensch in deinem Grab – in deiner Angst, in deinen Depressionen, in deiner Ausweglosigkeit, in deiner ganzen schuldbeladenen Lebensgeschichte, gebunden an Händen und Füßen, nichts mehr sehend mit deinen verbundenen Augen, eingeschlossen von der Leblosigkeit und der Schwere des Steins, der nun einmal Tod heißt – du, der du noch immer ein Mensch bist, komm heraus! Und dieser Mensch kommt heraus, noch ganz gehüllt in die Zeichen der Starre. Er tritt durch die Tür, die er in seinem Tode und bei seinem Eintritt ins Grab nicht wahrgenommen hatte, und sieht in ein unbekanntes Licht, das er sich noch nicht deuten kann. Er hört eine Stimme, die ihm unbekannt scheint, obwohl sie immer schon zu ihm gesprochen hatte, die sagt: »Löst ihm seine Binden ab! Er soll wieder gehen können!« Und er blickt um sich und sieht eine ganz andere Welt; eine Welt, in der wieder eine unendliche Fülle von Geschöpfen ist, auch Menschen; eine Welt, in der es für ihn einen Weg gibt und Kräfte, ihn zu gehen. In der ihm aber vor allem der begegnen wird, in dessen Hand Leben und Tod sind und der ihn gerufen hatte, damals, als er als Kind ins Leben trat, und der ihn jetzt ruft, da sein Leben geendet hatte: der schaffende Gott in dem grenzenlosen Reichtum seiner Lebendigkeit und Güte.

Wenn das der Sinn der Geschichte ist, dann ist sie ein »Zeichen«. Dann ist sie, wie Johannes sie erzählt, in der Tat wieder ein Stück seiner Autobiographie – und zwar der künftigen: der Biographie, die noch nicht stattgefunden hat, die aber kommt. Dann brauchen wir Johannes bei diesem letzten seiner Zeichen eigentlich nicht mehr selbst zu fragen, sondern brauchen nur zu hören und zu sehen, was da in unserer eigenen Biographie geschieht und geschehen wird. Und wir brauchen unserer eigenen verängstigten Seele nur eben die Geschichte des Lazarus als ihre eigene zu erzählen. Es kommt nur darauf an, daß wir in jenes veränderte Bewußtsein hineinfinden, das nötig ist, kommende Erfahrungen schon auf dieser Erde vorwegzunehmen.

Unser normales Bewußtsein eignet sich nicht dazu, zu verstehen, was Auferstehung ist. Es wird immer wieder daran abgleiten oder abprallen. Die Ostergeschichte erzählt von dieser seltsamen Blindheit, diesem kaum anfangenden Begreifen. Da laufen die einen aus Jerusalem weg nach Emmaus, weil sie nicht begreifen. Sie müssen eingeholt werden mit dem ihnen vertrauten Bild, wie sie mit Jesus am Tisch sitzen. Die anderen schließen sich in ein Haus ein, weil auf der Straße der Tod umgeht, der wohl auch nach ihnen sucht, und Jesus muß durch ihre Verschlossenheit eintreten. Die dritten gehen nach Galiläa und wollen an ihr früheres Leben anschließen, und Jesus begegnet ihnen, als sie müde von nächtlicher Arbeit am Ufer ankommen.

Wir heutigen Christen haben eine Epoche hinter uns, in der man sich zu klug dünkte, an Dinge zu glauben, die nicht mit normalem Bewußtsein feststellbar sind. Diese Epoche liegt hinter uns. Wir stehen am Beginn einer Veränderung des menschlichen Bewußtseins und können sie heute schon vorwegnehmen, wenn uns ernsthaft daran gelegen ist. Ohne eine solche Veränderung werden wir blind bleiben allem gegenüber, was wirklich wichtig ist in unserem Leben und über dieses Leben hinaus. Wir bedürfen einer neuen Sensibilität, einer neuen Weite unseres Empfindens und Denkens, einer Vertiefung unserer üblichen, auch religiösen, Vorstellungen; einer neuen Ehrfurcht allem gegenüber, das uns umgibt, ob es die konkrete Welt ist oder ihr geistiger Hintergrund, den wir bislang nur ahnen. Wir müssen Abschied nehmen von der herrscherlichen, ausbeuterischen Gesinnung, mit der wir unserem eigenen Leben und allem Lebendigen um uns her gegenübertreten, und zu einer neuen Bescheidenheit und Empfänglichkeit finden, in die so etwas eindringen kann wie ein leises Wort oder wie das Licht einer andersartigen Welt. Ohne solche Veränderungen unseres Bewußtseins wird das Wort »Auferstehung« eben ein Wort bleiben und nicht mehr sein als eines der vielen Wörter, mit denen wir uns umgeben und in denen in aller Regel auch unser Christentum besteht.

Wir werden auch Abschied nehmen müssen von all den schwachen Erklärungen und Ausreden, mit denen viele sich in den letzten Jahrzehnten aus dem Gedanken an die Auferstehung der Toten herausgewunden haben. Von all den Meinungen, das sei doch wohl nicht so wörtlich gemeint, das gelte doch wohl nur »geistig«, im übertragenen Sinn, sinnbildlich. Die Auferstehung sage doch wohl weiter nichts als dies, wir sollten während dieses Lebens den Mut nicht verlieren. Wir sollten den Blick erheben über diese wirre Welt. Oder die Sache, für die Jesus gestorben sei, gehe weiter, irgendwie, diese gute Sache. Es ist hier so wie überall: Wenn wir einen großen Gedanken denken wollen, müssen wir uns viele andere aus dem Kopf geschlagen haben.

Ich weiß, das ist leichter zu glauben, solange wir bei Kräften sind und der Tod nicht vor der Tür steht: Aber die Welt derer, die sterben sollen – der Alten, der Kranken, der Leidenden – ist wie überdeckt von einem Meer von Resignation. Karl Rahner, wohl der größte Theologe der katholischen Kirche in diesem Jahrhundert, schrieb 76jährig einen Brief – an Walter Dirks zu dessen 80. Geburtstag –, der in seiner Ehrlichkeit und Klarheit unvergleichlich ist. Er sagt darin:

»Wir machen uns doch nichts vor: wir sind alt und abgekämpft, andere und jüngere kämpfen schon lange dort, wo wir einst standen, und ich halte es für einen frommen Schwindel, zu sagen, man könne auch im Alter ein junges und fröhliches Herz bewahren … Ich meine, die Gnade Gottes lasse uns nicht jung bleiben, sondern biete uns die Möglichkeit, das wirkliche und bittere Alter mit Ergebung, Geduld und Hoffnung … zu ertragen, und sage uns, daß, wenn uns selbst dies nicht mehr wirklich möglich sein soll (auch das ist wahrhaftig denkbar), wir auch von dieser Aufgabe eines normalen Alters dispensiert seien … Der Theologe – der ja nur zu gerne für alles eine Antwort hat – wird sagen: Weil du mußt, darfst du auch gelassen Abschied nehmen von all denen, die bisher mit dir zogen, und von all dem, was dein Leben erfüllte. Du brauchst dich nicht dagegen sperren zu wollen, daß dein Lebenstag von der Straße der weiterlaufenden Geschichte abbiegt und sich in das finstere Licht verliert, in dem Gott lebt … Aber ich weiß nicht, ob ich diese Hoffnung wirklich habe oder ob das, was ich meine Hoffnung nenne und mit der ich mich und meine Resignation tröste, in Wahrheit doch nur das wesenlose und bald verschwindende Abendrot ist, das von den letzten Resten meiner Lebenskraft noch hergezaubert wird.«

Und es braucht lange, bis Rahner sich durchfindet zu dem Satz: »Wir brauchen vermutlich die Resignation, die uns im Alter anmutet, gar nicht so wild zu verdammen …, wie wir gewöhnlich meinen, es tun zu müssen. Diese Resignation kann ja auch der fast spießbürgerlich alltägliche Aspekt der Resignation sein, die die höchste und letzte Tat unseres Lebens ist: die bedingungslose Übergabe unserer ganzen Existenz an Gott und seine Unbegreiflichkeit, die Übergabe, die sogar im allerletzten die Tat Gottes selber ist, der uns nimmt, indem er selber sich gibt. Vielleicht ist unsere so schäbig sich zeigende Alltagsresignation letztlich nur der weise und liebevolle Kunstgriff Gottes, durch den er uns jene Resignation schenkt, die frei von uns selbst und selig macht.« Und so bleibt »die eine und große Aufgabe des Alters die, die Resignation des Alters nicht größer werden zu lassen als unvermeidlich ist, und die Resignation, die uns geheimnisvoll im Tod dem Geheimnis Gottes übergibt in Hoffnung und Geduld einzuüben, soweit das möglich ist.«

»Soweit das möglich ist« – diese Einfachheit und diese stille, verhüllte Andeutung der Gnade Gottes atmet die Freiheit und die Geradlinigkeit, mit der Karl Rahner für uns alle über den Weg des Christen in dieser Welt nachgedacht hat.

Ich dachte anfangs, zu dieser Geschichte brauche Johannes mir nichts mehr zu sagen über die Hinweise hinaus, die ich in seinem Evangelium lese. Aber nun möchte ich ihn doch noch einmal fragen: Was war für dich die entscheidende Erfahrung an jenem Tag mit Lazarus? Was hat er dir bedeutet? Was bedeutet er dir heute, da du ein alter Mann bist? Und ich höre ihn antworten:

Was mir das heute bedeutet nach so langen Jahren? Für mich war dieses Ereignis das wichtigste überhaupt während der Zeit, die wir mit Jesus unterwegs waren. Für mich war es eine Art Einübung oder eine Art Initiation. Weißt du, was eine Initiation ist? Sie ist die spirituelle Erfahrung einer Grenze. Sie übt ein in das Bestehen von Tod und Ende. Und sie ist zugleich eine spirituelle Erfahrung mit der eigenen Seele. Eine Initiation macht erfahren und unabhängig zugleich und schafft dabei sehr viel Mut, es mit dem Leben aufzunehmen.

Ich habe damals begriffen, daß ein wirklicher Aufbruch immer eine Art Auferstehung ist. Da liegt einer im Grab. Da hört einer eine Stimme, die ihm sagt: »Komm heraus!« Und er richtet sich auf, obwohl er es selbst nicht für möglich hält, tritt auf seine Füße und geht erste Schritte auf einen Ausgang zu, bis er ins Licht tritt. Hast du das einmal erlebt und zwar an deiner eigenen Seele, dann gewinnst du den aufrechten Stand und Gang auch in anderen Dingen. Dann ist der Aufstand gegen den Tod für dich eine Lebensaufgabe. Dein Leben wird immer und immer wieder ein Aufbruch sein und auch ein Aufstand gegen die Zeichen des Todes. Und immer wieder wirst du diese Stimme hören: »Komm heraus!«

Ich habe damals, als ich Lazarus aus dem Grabeingang kommen sah – und ich gestehe gerne, daß ich geschockt war von dem Anblick – eine große Befreiung gesehen: Lazarus kam heraus, eingebunden in die Binden, die man den Toten anlegt – vielleicht hat man so die Toten eingebunden, weil man verhindern wollte, daß sie als Geister umgehen. Er konnte kaum die Beine bewegen, er sah nichts, sein Gesicht war noch bedeckt. Und da sagte Jesus, als wäre es das Einfachste und Selbstverständlichste: »Nehmt ihm die Binden ab und laßt ihn gehen.« Das blieb mir haften. Dieses: »Nehmt ihm die Binden ab. Befreit ihn davon. In was bindet uns denn der Tod ein?« Es ist ja nicht das Grab, auch nicht der Sarg, der uns einschließt. Was uns festlegt, was uns bindet, das ist unsere Lebensgeschichte, an der nichts mehr zu ändern ist. Die kleinen und die großen Versuche, die großen und die kleinen Versäumnisse, all das nicht Gelungene, all das Mißgetane, all die vielen Lieblosigkeiten, all die Unterlassungen dessen, was wir hätten tun sollen, all die unguten Gedanken und Worte –, das ist es doch, was uns das Weiterkommen unmöglich macht. Dies wurde mir an der hilflosen Gestalt des Lazarus endgültig deutlich. Ich sehe ihn heute noch vor mir. Mir ist damals klar geworden: Wir werden nicht dadurch frei, daß wir behaupten, es sei doch im Grunde alles recht gewesen, sondern dadurch, daß uns einer zuruft: »Komm heraus aus deiner Vergangenheit, laß sie liegen.« Und daß er uns dann tatsächlich Zug um Zug von ihr losbindet.

Neben dem Eingang lag der Stein, rund wie ein Mühlstein. Man konnte ihn von innen nicht bewegen. Man stand von innen in unseren Gräbern rundum vor Felswänden, und der Stein stand wie eine Wand. Ich habe mich damals sehr in die Situation des Lazarus versetzt, der sich im Grab erhob, während die Leute draußen den Stein abwälzten. Wie die Wand plötzlich aufging und die Treppe nach draußen tastbar wurde. Es muß mühsam gewesen sein, schmerzhaft und wie ein wüster Traum. Und doch, die Kraft war da. Sie kam von draußen, wo die Stimme war, die rief: »Lazarus, komm heraus!« Ich empfand, meine eigene Auferstehung aus dem Tode müsse wohl etwas von diesem mühsamen Aufbruch an sich haben. Wenn ich wie Lazarus die Kraft nicht aus mir selbst habe, dann kommt mir doch die große Kraft Gottes von der anderen Seite der Grabtür entgegen, und der lebensunfähige frühere Mensch wird neu geschaffen zu einer neuen Gestalt. Lazarus, unser Freund, wirkte sehr müde, aber er stand. Und er lebte noch eine ganze Reihe von Jahren.

Ich denke, daß ich jenseits des Grabes etwas anderes sein werde als in diesem Leben. Ich werde nicht mehr das sein, was ich war, wohl aber werde ich der sein, der ich war. Da wird ein neuer Auftrag an einen neugeschaffenen Menschen ergehen, und ein neuer Weg wird vor mir liegen. Ich weiß nichts darüber. Ich weiß nur, daß ich danach einen Weg vor mir sehen werde, den ich in Freiheit und mit neuer Kraft gehen werde auf Gott zu.

Für mich haben sich damals alle Vorstellungen, die ich von meinem eigenen Sterben hatte, geändert. Es war nicht mehr die Sackgasse, in der alles endete. Es war nicht mehr die Dunkelheit, vor der ich mich ängstete. Es war nicht mehr der Verlust alles dessen, was mir lieb und wichtig war und für das ich gelebt hatte. Es wurde für mich ganz einfach zu einer Tür. Als wir in den Tagen nach dem Tode unseres Meisters uns in einem Haus einschlossen, weil draußen die Polizei umging, die uns suchte, damals, als unsere Welt geteilt war in die Gewalt draußen und die Angst drinnen, da stand plötzlich Jesus im Raum. Niemand hatte ihm die Tür geöffnet. Und er sagte, was wir schon nicht mehr hatten glauben wollen: »Friede sei mit euch.« Es war, als machte er mit diesem einfachen Wort unsere Welt wieder bewohnbar. Als zeigte er uns einen gangbaren Weg. Auch einen Weg durch den Tod, wie wir ihn zu unserem Entsetzen an ihm wahrgenommen hatten.

Mir wurde damals klar: Was durch Jesus mit uns geschehen ist, das ist eine Art Schöpfungsgeschichte. Wir werden aus Gott geboren. In Christus sterben wir. Und durch die neue Schöpferkraft des Gottesgeistes werden wir leben. Dies alles ist ein Weg, den wir gehen. Es ist ein zusammenhängender Weg von einem Anfang bis in unser Ziel, das in Gott ist. Wir sind Wesen im Übergang, Du kannst dir das so vorstellen, wie einer über einen Fluß fährt. Er sieht schon das andere Ufer, er hat vorher schon hinübergesehen. Und er wird umso ungefährdeter über den Fluß kommen, je leichter er sich dabei nimmt. Ja, du hast richtig gehört. Es geht darum, sich selbst leicht und nicht gar so wichtig zu nehmen und damit auch das eigene Sterben. Es ist ein Übergang.

Damit verändert sich auch dein hiesiges Leben. Du hast erfahren, was das ist, die schöpferische Kraft des Geistes Gottes. Da fängt dann die Quelle in dir selbst an zu sprudeln. Da findest du die Kraft, über Neues, Kommendes nachzudenken und dafür zu wirken. Du wirst selbst schöpferisch. Es fällt dir etwas ein für dich und für die anderen Menschen und für diese Erde. Du brauchst dich nur zu öffnen, damit etwas in dich hineinfällt.

Mir ist damals eine ganz neue Perspektive für mein eigenes Leben aufgegangen. Ich hatte das Gefühl, alles, was ich auf dieser Erde tue, sei eine Vorübung und Vorarbeit für das, was mir nachher aufgetragen sein wird. Und da die Liebe die eigentlich schöpferische Kraft ist – bei Gott, aber auch bei uns Menschen –, entscheidet sich der Sinn dieses Lebens an der Liebe, mit der ich mich in das kommende Leben einübe.

Ich habe gesagt, dies alles, was ich dir erzählt habe, seien »Zeichen«. An ihnen allen sei unwichtig, wie es dabei zugegangen sei. Ich weiß es auch bei Lazarus nicht. Am »Zeichen« ändert sich nichts, auch wenn ich annehme, die Menschen hätten sich getäuscht, weil sie ihn für tot hielten, als sie ihn ins Grab legten. Oder wenn ich für möglich halte, daß er den Weg durch den Tod erst an seinem Anfang berührt hat und noch nicht »hinübergeschritten« war, so daß er noch einmal, wie es immer wieder vorgekommen ist, zurückgerufen werden konnte. Ich persönlich glaube, daß Jesus tatsächlich die Macht hatte, Menschen zurückzuholen. Aber solche Überlegungen lagen mir damals sehr fern. Sie scheinen mir auch heute noch nicht wichtig. Wichtig ist, was durch eine solche Geschichte in den Bildern deiner Seele bewirkt wird und was du begreifst von den Geheimnissen dieser Welt und denen des Gottesreichs durch ein solches Bild der Auferstehung. Und wichtig ist, was für Konsequenzen das für dein hiesiges Leben hat.

Jesus hat uns einmal gesagt: »Niemand wird euch schaden können. Ihr könnt auf Schlangen und Skorpione treten und werdet unverletzt bleiben. Euer Mut ist nötig, und den werde ich euch geben, wenn ihr ihn braucht. Legt alle Sorge ab. Die kleine Sorge um euer eigenes Schicksal. Die großen Sorgen um die Zukunft der Welt. Es ist nichts von euch verlangt als die große Treue in den kleinen Dingen. Nichts ist verlangt als die Liebe, mit der ihr die Menschen Gottes behütet. Ihr seid frei, laßt euch binden um der Liebe willen. Sie wird euch eure Freiheit nicht nehmen.«

Damals habe ich verstanden: Wir brauchen nur unseren Weg zu gehen. Nicht mit großen Plänen, sondern mit der lebendigen Kraft, die im Glauben lebt und in der Liebe. Auch der längste Weg beginnt immer mit dem ersten Schritt. Den tun wir, wie Lazarus den seinen tat, der ihn aus dem Bann des Todes löste.

Soweit Johannes. Was weiß ich denn über meine Zukunft? Ich weiß, daß die Sonne bald für mich untergehen wird. Dann kommt eine Dämmerung. Dann eine Nacht. Ein schöner und reicher Tag wird zu Ende sein. Dann werde ich durch die Nacht gehen wie durch eine Grabhöhle. Dann kommt ein neuer Tag. Ich weiß nicht, was er bringen wird. Was wir wissen, sind Hinweise, Gleichnisse. Aber es wird ein schöner und großer Tag sein. Jeder Schritt in die Zukunft wird ein Schritt in die Freiheit sein. Und der Tag, der für mich anbrechen wird, wird Gottes Tag sein.

VIII
Noch einmal das erste Zeichen: Ein Fest erwarten

Mit einem Fest hatte alles angefangen, damals in Kana. Über die ganze Zeit seines Wirkens hatte Jesus immer und immer wieder von Festen gesprochen: von dem Fest, das er hier in Galiläa in den Dörfern mit denen feiern müsse, die auf der festlosen Seite des Lebens stehen, von jenem Fest andererseits, das er in Gottes Reich mit allen denen feiern werde, die sich die Liebe Gottes und seine Einladung gefallen lassen. Zwischen den kleinen Festen hier und dem einen großen in der Zukunft sprach er von einem Menschenweg, der voller Lebendigkeit sein könne, voller Kraft und Geist. Im Grunde sind die sieben Geschichten, die Johannes »Zeichen« nennt, eine Art Grundmuster für einen gelingenden Menschenweg auf dieser Erde.

Wir erinnern uns: Der 6. Januar, der Tag, an dem man in den Kirchen des Ostens die Geschichte von der Hochzeit in Kana las, war das Fest des Dionysos, das Fest des brausenden Geistes, der Ekstase, das Fest aller Kräfte des Leibes, der Seele und des Geistes. Die ersten Christen wußten, warum für sie diese Geschichte aus Kana so dicht mit Dionysos verbunden war, warum sie praktisch an seine Stelle trat: Es ging um den Geist, um die schöpferische, lebendige Gotteskraft. Alles, was ist, ist aus Gottes Geist geschaffen. Im Grunde ist alles Geist. Das stand für sie dahinter.

Diesen Gedanken, daß alles Geist ist, können wir Heutigen wieder auf eine völlig neue Weise fassen. Gerade die Naturwissenschaft, die ja noch vor hundert Jahren meinte, sich nur mit Materie zu befassen, findet in unseren Tagen wieder zu diesem Gedanken. Sie sagt an den Spitzen ihrer Entwicklung: Was wir Materie nennen, ist im Grunde Geist. Was wir Energie nennen, was wir Naturgesetze nennen, ist geistige Kraft und geistige Ordnung. Im Grunde ist alles Geist. Was wir Bewußtsein nennen und allein für uns Menschen in Anspruch nehmen gegenüber allen übrigen Wesen dieser Erde, ist im Grunde allem gemeinsam, in vielfach abgestufter Form. Was lebt, hat teil an einem großen, einem umfassenden kosmischen Bewußtsein. Und wessen Bewußtsein – so fügen wir hinzu – sollte sich darin spiegeln, wenn nicht das Bewußtsein Gottes, in dem er mit seiner Welt verbunden ist und das die Welt durchdringt?

Wenn das so ist, dann ist alles voll Sinn. Dann gibt es kein Ende. Dann gibt es keinen endgültigen Tod. Es kehrt alles in Gott zurück. Und uns sind die kleinen Schritte auf unserem kurzen Menschenweg auf dieser Erde gezeigt.

Das sind natürlich Gedanken, die die Verfasser unserer biblischen Schriften so noch nicht denken konnten. So suchte ich wieder nach der Stimme des Johannes, bis ich meinte, sie zu hören.

Daß alles Geist ist –, das hältst du für einen Fund der Physik deiner Tage? O nein, das haben wir, das hat die Menschheit immer gewußt, seit vielen tausend Jahren. Das hat man aber bei euch vergessen und ist überrascht, es zwischen all den vielen Sachen zu finden, die man heute neu entdeckt. Soll ich sagen, was Geist ist? Geist aus Gott?

Geist, das ist die Nähe Gottes in allem, was ist: in Dingen, die du in die Hand nimmst; in Ereignissen, die du erlebst; in Worten, die du hörst; in Menschen, denen du begegnest; in allem, was lebt und besteht. Geist ist schöpferische Wirkkraft, lebendige Wärme, strahlende Energie, sprießende Lebendigkeit, Helligkeit, durch alles hindurchscheinendes Licht. Was Geist ist, das haben wir immer in einen Vergleich gefaßt: in den Vergleich mit dem Wind, dem lebendigen Hauch. Wir meinten dabei ein leises, alles durchdringendes Wort, das durch die Geister und Herzen der Menschen geht. Wir meinten besonders das Wort eines vom Geist erfüllten Sprechers, eines Sehers oder eines Propheten oder eines Weisen. Wir meinten das »Wort« auch, die Anrede, die wir in unserem eigenen Schicksal vernehmen, in Führung und Fügung. Das alles hat man, jedenfalls in unserem Volk, seit alten Zeiten so gewußt.

Du hast den Geist nicht. Du mußt ihn erwarten. Du stehst da wie am Ufer eines Meeres. Da dringen

Wellen ans Ufer, schlagen an, rinnen zurück, verlaufen sich, kommen wieder. Was du von Gott erkennst oder erfährst, das kommt irgendwoher, dringt bis zu dir durch, erfüllt dich, zeigt dir eine Wahrheit oder ein Licht, zieht sich wieder zurück, so daß du meinst, du habest alles verloren, und kehrt – vielleicht – irgend eines Tages wieder. Und wenn es wiederkehrt, feierst du das Fest.

Ich könnte es auch anders sagen: Der Geist ist wie ein Wanderer, der in immer wieder anderer Gestalt über die Erde geht, der nirgends bleibt, der an deine Tür kommt, wenn er will, und weiterzieht, wann es ihm gefällt; der auch an vielen Häusern vorbeigeht, auch immer wieder an denen der Kirchen. Niemand besitzt ihn, niemand hält ihn fest, niemand setzt ihm eine Grenze. Nur Wahrheit ist nötig, Offenheit der Sinne und des Herzens, um seinen Schritt zu spüren. Wenn er aber an deine Tür kommt und eintritt, dann feierst du das Fest.

Das alles bedeutet viel auf vielen Ebenen. Es bedeutet zum Beispiel bei meinen sieben Zeichen – über das hinaus, was sie über Christus sagen – eine Menge für die Welt, in der du lebst. Es bedeutet, daß auf deiner Erde und über sie hinaus alles miteinander verbunden ist. Es lebt ineinander und miteinander und voneinander. Nichts ist nur ein abgetrenntes Einzelnes. Es lautet: Niemand ist unabhängig von den Kräften, die er empfängt und weitergibt. Alles lebt mit in dem großen, lebendigen Zusammenhang, den du die Welt nennst, die Schöpfung, und der größer ist und weiter reicht, als dein Geist je reichen wird. Was du übersinnlich nennst oder jenseitig, ist ja nicht eine andere Welt, es ist die deine, in der du lebst, nur eben, daß dein Sinn und Verstand nicht ausreicht, sie ganz zu fassen. Vielleicht wird das künftige Fest dir die Augen öffnen dafür, daß alles Sinn hat, daß alles ein Recht hat, zu sein, und daß alles von Gottes Geist erfüllt ist, auch du selbst in deinem Geist und in deinem Herzen, mit allen zusammen, mit denen du sozusagen zu Tisch sitzt.

Damit wird dein Menschenleben zu einem strömenden und pulsierenden Teil des Ganzen. Es gewinnt zugleich seinen Sinn und seine Schönheit. Du darfst dann deine kurzsichtigen Fragen beiseitelegen und einfachhin *sein.* Nichts als *sein* in Gott. Das meine ich, wenn ich vom Fest rede. Als wir an jenem letzten Abend mit Jesus zusammen waren, sprach er mit einem seiner starken Bilder davon. Damals zerfiel für uns alles. Nichts, das wußten wir, würde bleiben. Jesus ging weg – in seinen Prozeß und in seinen Tod. Unsere Gemeinschaft, das sahen wir klar, würde sich auflösen. Nichts würde davon bleiben. Unsere Hoffnung auf das Gottesreich würde zerrinnen. Es würde alles wieder so unfestlich sein wie in den Jahren, ehe wir ihn fanden. Wir wußten nicht, wohin wir gehen und was wir tun sollten, was wir denken könnten und was wir von den Jahren halten sollten, die wir mit Jesus gelebt hatten.

Da sagte Jesus: »Ich bin der Weinstock. Eine Rebe kann keine Frucht tragen aus sich selbst, sie muß am Weinstock bleiben, so auch ihr nicht, wenn ihr nicht an mir bleibt. Ich bin der Weinstock, ihr seid die Reben. Wer an mir bleibt, wem ich die Kraft reiche, der bringt viel Frucht.« (Johannes 15,1–8)

Das habe ich damals mitgenommen: »Ich bin der Weinstock.« Und Christus, der das sagt, war in den Jahrzehnten seither die treibende Kraft, die mich bewegt hat. Denke nur ja nicht, es sei leicht gewesen, den Mut und die Kraft durchzuhalten, die nötig waren, an ihm zu bleiben. Es war im Gegenteil schwer, immer wieder die nächsten mühsamen Schritte zu gehen, an immer Neues und Rettendes zu glauben, und mit all dem an der Sache zu bleiben, der wir uns verschrieben hatten, oder besser: an dem Mann, von dem ich rede.

Jesus sagte aber noch mehr damit: Ihr lebt in einer Zeit, in der unendlich viele Menschen nach Erkenntnis hungern, nach höherer Einsicht, nach Erweiterung ihres Bewußtseins. Man trinkt in allen Religionen um euch her Wein, um Offenbarungen zu empfangen, um den Göttern näher zu sein, nicht nur dem Dionysos. Und Jesus stellte dem entgegen: Wer euch die Wahrheit eröffnen wird, das ist Gottes Geist. Der Weinstock, von dem Begeisterung und Geist ausgehen, bin ich. Euch Christen des 20. Jahrhunderts ist das fremd geworden. Ihr tut euch schwer mit religiöser Erhebung, Begeisterung oder ekstatischem Überschwang. Wenn junge Leute bei euch sagen: »Jesus ist der größte Trip«, dann wird euch unbehaglich. Mir scheint aber, gerade dies sei gemeint. Erwarte den Geist weder von Dionysos noch auch von Heroin oder LSD. Die Erweiterung des Bewußtseins – die dringend nötige! – bewirkt der Geist.

Jesus sagt damit auch: Fürchte dich nicht vor dem Geist, wenn er über dich kommt, wenn dir plötzlich alles Vertraute fremd wird und viel Fremdes neu in dich eindringt. Er kommt von mir. Das gibt es durchaus: himmlischen Wein, Begeisterung von oben. Solange du dich vor dem Geist fürchtest, mußt du dich über deine Traurigkeit nicht wundern. Die geistige Welt ist offen. Nimm die Kraft an, die dir entgegenkommt.

Es darf dir gewiß sein: Du bist verwurzelt. Du lebst mitten im strömenden Leben Gottes und seiner Welt. Du wohnst mit allen deinen Kräften dem Ganzen aller Dinge ein. Du bist durchflossen, von der unendlichen Lebensenergie, die in Gott ist.

Jesus sagt das nicht nur mit seinem Wort vom Weinstock, sondern mit all den anderen Worten, die mit »Ich bin« anfangen. Ich habe sie im Lauf meines Lebens immer wieder durcherlebt.

Wenn kein Rat war – und ich stand oft da, ohne zu wissen, wie es weitergehen sollte –, dann sagte ich mir sein Wort vor: »Ich bin die Tür.« Und ging durch diese Tür. Wenn ich nicht wußte, wie wir durchhalten sollten, nahm ich das Wort auf: »Ich bin das Brot« – und aß es förmlich. Und ich hatte, was ich brauchte. Nicht den Kuchen vielleicht, aber das Brot. Wenn uns die Kräfte verließen, hörten wir: »Ich bin der Weinstock.« Und wir blieben an ihm, lebten aus seiner Kraft, waren gehalten und getragen und erfüllt. Wenn es sehr dunkel wurde, sprachen wir nach: »Ich bin das Licht.« Und wir sahen es irgendwo vor uns und gingen ihm nach. Wenn die Angst groß wurde um uns alle, dann hörten wir: »Ich bin der Hirte.« Und wir wußten: Er wird uns an ein Ziel führen, und vertrauten uns ihm an. Und wenn der Tod den einen oder anderen abholte, auf friedliche oder auch auf grausame Weise, dann war dies unsere Hoffnung, daß er gesagt hatte: »Ich bin die Auferstehung und das Leben. Wer in mir bleibt, der wird leben, auch wenn er stirbt.«

Dabei wurde uns nicht nur erinnerlich, was wir von Anfang an von Christus gehalten hatten, sondern auch, wer wir selbst seien: Licht, Brot, Wein, Tür, Hirte, Weg, Wahrheit für viele Menschen. Und am Ende: Die Auferstehung sind wir.

Das alles gibt dir vor, was du tun sollst. Was ihr heute tut, entscheidet darüber mit, wie die Welt morgen aussieht. Wenn du das alles weißt, dann hat das seine Folgen. Du wirst nicht nur anders über das Leben und den Tod nachdenken, sondern auch anders über die Wahrheit und die Gerechtigkeit, über die Würde des Menschen und seine Bestimmung. Du wirst Mut haben für notwendige Entscheidungen. Du wirst die Kraft haben zu stehen, wenn dein Stehvermögen gefragt ist. Du wirst die Worte finden, um zu sagen, was Lüge und Phrase ist, und wirst stellvertretend einstehen für die Wehrlosen, die Armen, die um ihr Menschenrecht Geprellten. Du wirst dabei bemerken: Das Leiden daran, daß das Reich Gottes nicht da ist, noch nicht, ist zugleich deine große Kraft. Geh die sieben Geschichten entlang, die ich dir erzählt habe, und tue an deinem Teil, was dort erzählt ist. Du wirst nicht alles erreichen, was du dir vornimmst. Das war bei uns allen so. Du wirst aber eine Hoffnung haben.

Denke daran: Das mit der Auferstehung des Lazarus war das Wichtigste für mich. Du wirst überall vor Rätseln stehen, die sich nicht auflösen, aber du hast Auferstehung vor dir. Es gibt Dunkelheiten, aus denen du in dieser Welt nicht erlöst werden kannst, aber du hast die Auferstehung vor dir. Man kommt in dieser Welt nicht aus dem Leiden heraus, aber man kann die Auferstehung glauben. Die Konflikte bleiben, die Schmerzen, die Rätsel, aber man schaut voraus auf die Auferstehung. Es gibt keine »guten« Menschen und keinen »gewaltfreien«, »gerechten« Staat. Das Brüchige bleibt, aber man kann hervortreten aus dem Clinch mit dem Bösen.

Wir brauchen nicht alles zu wissen. Wir denken in Bildern und wissen zugleich, daß alles noch einmal anders sein wird als unsere Bilder es sich ausmalen. Wir müssen nicht alles verstehen. Aber wir können offen sein für das Unbekannte und Neue, das mit uns geschieht. Und das Bild vom Haus und vom Fest leitet uns dabei. Du hast ein Haus, aus dem du kommst. So kannst du dich zuversichtlich auf deine Wanderung machen. Du hast ein festliches Haus vor dir, ein Haus mit einer offenen Tür, und so hältst du deine Wanderung durch. Ich wünsche dir dazu den Geist aus Gott. Lebe wohl.

Soweit Johannes. Nachdem er sich verabschiedet hat, muß ich etwas gestehen. Mein Johannes hat in diesem Buch gesagt, die Geschichten in seinem Evangelium seien sozusagen Szenen aus seiner inneren Lebensgeschichte. Sie zeigten, was Jesus in ihm, Johannes, angeregt, bewegt und bewirkt habe. Und das stimmt ja auch. So sind sie gemeint.

Aber wenn ich jetzt, am Ende seiner Erzählungen, überlege, was ich meinen Johannes habe sagen lassen, dann muß ich einen Schritt weitergehen. Dann merke ich nämlich, daß er nichts anderes erzählt hat als kleine Episoden aus meiner eigenen inneren Lebensgeschichte, nämlich das, was seine Geschichten in mir angeregt, bewegt und bewirkt haben in den Jahren meines Lebens in diesem 20. Jahrhundert. Wenn ich es recht überlege, kann ich zwischen dem, was Johannes mir erzählt hat, und mir selbst nur schwer unterscheiden. Vielleicht ist das auch gar nicht nötig. Die Geschichte der Bibel geht ja weiter und das Gespräch zwischen Gott und uns Menschen ebenso. Solange die Erde steht.

Ausklang

Was uns Jesus bedeuten kann

Von unserem Weg durch dieses Leben
haben wir geredet.
Was uns Jesus auf diesem Weg bedeuten kann,
faßt Johannes in die sieben Worte,
die mit dem Wort beginnen: Ich bin.

Ich bin das Licht der Welt,
sagt Jesus zunächst.
Wer meinen Weg geht, geht nicht im Dunkeln.
Liegt die Zukunft dunkel vor euch?
Nein, die Zukunft bin ich.
Liegt euer Schicksal dunkel über euch?
Nein. In eurem Schicksal begegnet ihr mir.
Liegt eure Schuld dunkel in euch?
Nein. Ich bin das Licht,
das euer Gewissen frei macht.
Liegt irgendeine Katastrophe vor euch?
Das Ende aller Dinge?
Das Ende der Dinge ist Licht.
Denn das Ziel und das Ende bin ich.
Damit sage ich, wer Gott ist.
Gott hat im Anfang gesagt: Es werde Licht.

Daß er das Licht ist – dafür stehe ich ein.
Seid nun auch ihr ein Licht
in eurer kleinen Welt.
Ihr seid es mit ihm.
Ihr werdet es in ihm sein,
und euer Weg
wird in immer helleres Licht führen.
Denn Gott ist das Licht.

Ich bin das Brot des Lebens,
sagt Jesus.
Das Brot, von dem der Mensch lebt,
ist das Wort, das Gott spricht.
Das Brot wird euch gegeben werden,
solange ihr unterwegs seid.
Woher die Mutlosigkeit unter euch Christen?
Woher diese Resignation:
Wir haben nichts zu sagen?
Woher die Ratlosigkeit, in der ihr sagt:
Wir wissen selbst nichts?
Wir haben selbst nichts zu essen?
Woher sollten wir ein Wort für unsere Zeit haben?

Warum dieses Einkaufen bei den kleinen Bäckern?
Seid ihr nicht selbst das Wort und das Brot?
Oder habt ihr nichts zu sagen in einer Welt,
in der die Menschen an ihrer Sprachlosigkeit
zugrunde gehen?
Wächst unter euch kein Brot mehr?

Das Brot ist da.
An euch Menschen sind nur die Hände wichtig,
die bereit sind, es weiterzugeben, und die Augen,
die sehen, wo einer ist, der Brot braucht.
Wem Christus tot ist,
der kaufe in den kleinen Brotläden.
Wem Christus lebt, dem wächst das Brot zu,
nach dem Hände sich ausstrecken.
Das Leben kommt von Gott. Und Gott ist das Brot,
von dem es lebt.

Ich bin der gute Hirte,
sagt Jesus.
Ich stehe für das gefährdete Leben
am Rand der Wüste, für die Wehrlosen,
denen zugemutet ist, wehrlos zu sein
gegenüber der Gefahr.
Wo die Bestie angreift, stehe ich.
Wo der Tod droht, stehe ich.

Und die, für die ich stehe,
wird mir niemand aus der Hand reißen.
Denn Gott ist der Hirte.
Dafür bürge ich, indem ich sage:
In mir siehst du den Hirten.

Wer nicht gerne das Schaf sein will,
das von einem Hirten geschützt wird,
wer sich lieber mit einem Löwen vergleicht
oder einem Adler, der sehe zu,
wie er das Ende seiner Träume überlebt.

Auf dem Weg durch die Wüste,
gilt nicht die Illusion,
sondern der Schutz durch den,
der den Tod überwindet.
Auf dem Weg durch die Wüste gilt das Wort:
Ihr werdet nicht umkommen.
Auf dem Weg durch die Wüste ist kein Trost,
außer daß ihr das Wort hört:
Gott ist der Hirte.
Und nichts wird euch aus seiner Hand reißen.

Ich bin der Weg, die Wahrheit und das Leben,
sagt Jesus.
Der Ausgangspunkt eures Weges ist Gott.
Sein Ziel ist Leben in Gott.
Das ist die Wahrheit.
Weg, Wahrheit und Leben sind eins.

Es geht nicht um die Schritte, die ihr geht
durch den Dschungel eures Lebens,
sondern um den Weg,
der mit euch gegangen wird.
Wahrheit ist nicht,
was ihr prüfen oder beweisen könnt.
Sie ist Offenheit aller Dinge vor Gott.
Leben ist nicht, was ihr davon habt.
Leben ist auch nicht, was später folgen soll.
Das Leben ist eins, hier und drüben.
Es ist Leben, wenn es in Gott ist.
Es ist Tod, wenn es außer ihm bleibt.

Es gibt kein abgekürztes Verfahren.
Wahrheit ist nur zu finden auf dem Weg.
Wahrheit wird nicht überliefert,
sie ist immer unmittelbar von Gott.
Leben kann man nicht sichern,
man kann es nur im Vertrauen leben.
Leben ist Sein in Gott.
Der Weg führt aus dem Glauben in das Schauen.
In die Wahrheit.
Denn Gott ist der Weg
in das Leben.

Ich bin der Weinstock,
sagt Jesus.
Das sage ich euch, während ihr in dieser Welt seid,
Ihr seid die Reben, die an mir wachsen.
Wer an mir bleibt, der bringt Frucht.

Fragt ihr euch, was denn
bei eurem Leben und aller Mühe
am Ende herauskommen kann?
Irgendein Ertrag sollte es doch wohl sein?
Was ist es denn, was ich euch gebe?
Es ist Geist.
Alles Lebendige kommt aus dem Geist.
Alle Frucht kommt aus dem Geist.
Denn Gottes Geist ist die Kraft in allen Dingen,
die bewegende Energie in allem, was lebt.

Ihr sucht Wahrheit. Und ich sage euch:
Der euch in alle Wahrheit führen wird, ist der Geist.
Die Kraft, Wahrheit zu erkennen,
kommt aus dem Weinstock.
Sie kommt aus Gott.

Darum fürchtet euch nicht vor dem Geist,
wenn er über euch kommt.
Vor neuen Wegen, die euer Geist findet.
Wer sich vor dem Geist fürchtet,
wundere sich nicht über seine Traurigkeit.
Nehmt die Kraft auf, die euch entgegenkommt.
Sollte es einen Glauben geben,
der gar nichts an sich hätte vom Wein eines Fests?

Ich bin die Tür,
sagt Jesus.
Euer Weg, heißt das, ist keine Sackgasse.
Euer Weg endet nicht vor einer Wand.
Er führt auf eine Tür zu,
und er wird hinter der Tür weiterführen.

Wer mit Menschen umgeht,
sehe Christus als die Tür an, durch die er tritt.
Die Tür zur schwierigen Sitzung.
Die Tür zum anspruchsvollen Patienten.
Die Tür zum nervösen Chef.
Die Tür zum Operationssaal.
Die Tür, durch die er vor seine Schulklasse tritt.

Wer von einem Zimmer in ein anderes gehen will,
tritt durch eine Tür.
Er verläßt einen Raum und betritt einen anderen.
Er kann den vorigen nicht festhalten,
er kann ihn nur hinter sich lassen.
Aber er tut es mit dem Vertrauen,
daß ihn der neue Raum, der unbekannte, aufnimmt.

Auch der Tod ist keine dunkle Wand,
sondern eine Tür. Die Tür zu Gott.
Sie führt in einen neuen Raum,
in dem ein neuer Weg beginnt.

Ich bin die Auferstehung und das Leben,
sagt Jesus.
Wer an mich glaubt, wird leben,
auch wenn er stirbt.
Und wer lebt und an mich glaubt,
wird nicht sterben.
Ich bin, sagt Jesus,
der Übergang von einem Leben in ein anderes.
Ich bin dort, wo das niedergesunkene Leben
aufsteht, um neu zu sein,
aus dem schöpferischen Geist Gottes.
Die Welt ist tiefer und reicher,
als der meint,
der nur das große Totenfeld sieht.
Sie hat unendlich mehr Leben.
Leben einer glühenderen, leuchtenderen Art.

Fragst du, wer Gott ist?
Er ist der schöpferische Geist,
der am Anfang das Leben weckte
und der es zurücknimmt, um es neu zu schaffen.
Denn Gott ist die unendliche Fülle
immer neuen Lebens.
Dafür stehe ich gerade, sagt Jesus.

In ihm nehmen wir die Auferstehung wahr.
Wir gehen durch diese Welt
und wandeln unsere Gestalt,
um ihm gleich zu werden in einem neuen Leben.
Und diese unsere neue Gestalt werden wir finden,
indem wir auferstehen.

Wir werden also nicht weniger sein als das,
was Jesus über sich selbst sagt:
Wir – das Licht. Wir – das Brot.
Wir – der Wein. Wir – die Hirten.
Wir – die Auferstehenden. Wir – die Türen.

Und wir finden dabei die Wahrheit und das Leben
und den Sinn unseres Schicksals:
Wir finden Gottes Bild in uns
und unsere Wandlung in diese Bilder von Gott.

Geh also, sagt Jesus, diesen Weg.
Diskutiere nicht über das Gehen.
Schau die Wahrheit und behaupte sie nicht.
Nimm das Leben unter die Füße
und geh ins Leben.

Eduard Mörike sagt es
mit einfachen Worten,
was über unseren Weg zu sagen ist:

»In ihm sei's begonnen,
der Monde und Sonnen
an blauen Gezelten des Himmel bewegt.
Du Vater, du rate, lenke du und wende,
Herr, dir in die Hände
sei Anfang und Ende,
sei alles gelegt.«